Henryk M. Broder

Vergesst Auschwitz!

Der deutsche Erinnerungswahn
und die Endlösung der Israel-Frage

Pantheon

Verlagsgruppe Random House FSC® N001967
Das für dieses Buch verwendete FSC®-zertifizierte Papier
Lux Cream liefert Stora Enso, Finnland.

Der Pantheon Verlag ist ein Unternehmen der
Verlagsgruppe Random House GmbH.

Erste Auflage
Pantheon-Ausgabe April 2013
© 2012 beim Albrecht Knaus Verlag, München,
in der Verlagsgruppe Random House GmbH
Umschlaggestaltung: Jorge Schmidt, München
Druck und Bindung: CPI Clausen & Bosse, Leck
Printed in Germany
ISBN 978-3-570-55204-9

www.pantheon-verlag.de

Erinnerung stellt in Deutschland
die höchste Form des Vergessens dar.

(Eike Geisel)

Inhalt

Statt eines Vorworts

Als 1986 mein Buch »Der ewige Antisemit – Über Sinn und Funktion eines beständigen Gefühls« erschien, lebte ich in Jerusalem, schrieb meine Texte nachts bei offenem Fenster auf einer mechanischen Schreibmaschine, wofür mich alle Nachbarn hassten, und schickte sie mit der Post an die jeweiligen Redaktionen. Vor meiner Haustür lag die judäische Wüste, bei klarer Sicht konnte ich das Tote Meer und auf der anderen Seite der Moabiter Berge die Lichter von Amman sehen. Zum Einkaufen fuhren wir nach Bethlehem und machten anschließend Picknick unter Olivenbäumen am Rande der Shepherds' Fields bei Beit Sahour.

9

Keine Mauer zog sich um die Westbank, aber der »antifaschistische Schutzwall« im Westen der DDR feierte seinen 25. Geburtstag; der Euro existierte nicht einmal als Idee, während sich in Israel kein Mensch vorstellen konnte, dass die Regierung jemals mit Jassir Arafat und der PLO ein Abkommen schließen würde. Die größten Sorgen der fortschrittlichen Kräfte in Deutschland waren der schon etwas in die Jahre gekommene Doppelbeschluss der Nato und das Waldsterben. Die »globale Klimakatastrophe« war noch nicht erfunden. Und hätte jemand die Vorhersage gewagt, eine ehemalige Sekretärin der FDJ würde in absehbarer Zukunft das Land regieren, wäre er sofort in die Psychiatrie eingewiesen worden.

Es waren idyllische Zeiten. Und ich hatte keine Ahnung, worauf ich mich einließ. Denn die vorherrschende Meinung jener Tage war, dass es linken Antisemitismus gar nicht geben könne – vertreten von linken Antisemiten, die sich selber freisprachen. Und zwar nicht aus Mangel an Beweisen, sondern wegen erwiesener Unschuld, waren sie doch zugleich auch Antifaschisten, die mit aller Kraft die Nazis bekämpften, die über 40 Jahre zuvor bedingungslos kapituliert hatten. Und Antifaschisten konnten per Definition keine Antisemiten sein.

Die Beispiele, mit deren Hilfe ich zu beweisen versuchte, dass Antifaschisten sehr wohl Antisemiten sein können, wenn sie sich nur als »Antizionisten« deklarieren, hatte ich an den Rändern der Gesellschaft gefunden – im grünalternativen Milieu, bei den militanten Tierschützern, den Sektierern von DKP, KPD, KPD/ML, KPD/AO, KB, KBW, KJV und wie die vielen »Massenorganisationen« links von der SPD hießen. Aber auch schon in der »taz«, »Emma« und »konkret«, also in den Vorzimmern bürgerlicher Salons.

Meine Kritiker warfen mir vor, Gespenster an die Wand zu malen, aus Mücken Elefanten oder, wie man in Köln sagt, aus einem Furz einen Fackelzug zu machen. Womit sie nicht ganz danebenlagen, denn es waren in der Tat marginale Phänomene. Was sie aber nicht sahen oder nicht sehen wollten, war: Jeder Dammbruch fängt mit feinen Haarrissen an.

Alles, was in den achtziger Jahren »marginal« war, findet man heute in der sprichwörtlichen Mitte der Gesellschaft wieder. Auf der einen Seite eine gigantische Erinnerungs- und Gedenkindustrie – von Lea Rosh bis Guido Knopp, vom eingetragenen Verein »Gegen das Vergessen« bis zur Stiftung »Erinnerung, Verantwortung und Zukunft« –, die das Dritte Reich wie einen Steinbruch ausbeutet, auf der anderen Seite die »ehrbaren Antisemiten« (Jean Améry), die Pläne für eine »Endlösung« der Israel-Frage ausarbeiten. Und es sieht so aus, als kämen beide Seiten prima miteinander zurecht oder würden sich zumindest nicht in die Quere kommen. Auf dem Dach, unter dem sie sich niedergelassen haben, steht in Stein gemeißelt: »Erinnerung ist das Geheimnis der Erlösung!« Es soll sich angeblich um ein Zitat aus dem Talmud handeln. Wenn das stimmt, wäre es ein Beleg dafür, dass nicht alles, was im Talmud steht, es verdient, zitiert zu werden. Denn erstens kann es nur ein Verlangen nach Erlösung, aber keine Erlösung an sich geben, und zweitens kann die Erinnerung ein Fluch oder ein Segen sein, niemals aber die Erlösung.

Vor allem dann nicht, wenn Auschwitz und der Holocaust im Fokus der Erinnerung stehen.

Ich weiß, dass es eine verordnete Erinnerung ebenso wenig geben kann wie ein verordnetes Vergessen. Wenn es aber möglich wäre, zwischen Erinnern und Vergessen zu wählen, würde ich inzwischen das Vergessen vorziehen. So wie die Erinnerung heute praktiziert wird, ist sie eine Übung in Heuchelei, Verlogenheit, Scheinheiligkeit und Opportunismus. Und sie bereitet den Weg für kommende Katastrophen vor.

Es gibt etwa 120 Holocaust-Gedenkstätten aller Art in der Bundesrepublik, allein in das ehemalige KZ Dachau kommen jedes Jahr über 800.000 Besucher.

Erinnerung, so scheint es, ist erste Bürgerpflicht. Dennoch hatte Eike Geisel Recht, als er vor mehr als 20 Jahren schrieb: »*Keine Gemeinde ist mehr ohne Judenreferent, jeder Sender hat seinen Vernichtungsexperten – die Nazis hätten sich die Finger nach so viel Fachleuten geleckt. Durch deren vereinigte Anstrengung gibt es zwar in der Bundesrepublik nicht weniger Antisemiten, nur weniger Arbeitslose, aber es wird durch sie noch einmal bestätigt, was zur Erfahrung der letzten Jahrzehnte gehörte: dass Erinnerung in Deutschland die höchste Form des Vergessens darstellt.*«

Trotzdem: Ich weiß sehr wohl, dass viele, vor allem junge Deutsche, es durchaus ernst meinen mit dem Gedenken und dem »Nie wieder« und dass ihnen nicht bewusst ist, wessen Handwerk sie mit israelfeindlichen oder naiv pazifistischen und palästinenserfreundlichen Positionen und Aktionen betreiben. Von allen anderen aber, von denen in diesem Buch die Rede sein soll, von Publizisten und Wissenschaftlern, von Politikern und historisch (vermeintlich) gebildeten Erwachsenen darf erwartet werden, dass sie erkennen, wofür sie da in Worten und Taten stehen – einen neuen Antisemitismus der reinen Herzen.

Mir ist klar, dass ich in diesem Buch, wie schon vor 25 Jahren im »Ewigen Antisemiten«, gewagte Behauptungen aufstelle. Die meisten sind belegbar, einige beruhen auf schlichter Logik. Ich bin kein Erbsenzähler. Ich weiß, dass man sich auf nichts mehr verlassen kann, nicht einmal auf die Dreidimensionalität des Raumes und die Richtigkeit der Relativitätstheorie. Und ich weiß, dass alles, was passieren kann, eines Tages auch passieren wird. Vom Untergang der Titanic bis zum Absturz der Concorde, von der Landung auf dem Mond bis zur Entdeckung außerterrestrischen Lebens, von Auschwitz bis Fukushima.

Und falls jemand wissen möchte, was ich mit diesem Buch bewirken will: Eigentlich gar nichts. Aber es wäre mir sehr recht, wenn ich diesmal Unrecht hätte. Und falls doch nicht, sage keiner, er habe es nicht gewusst.

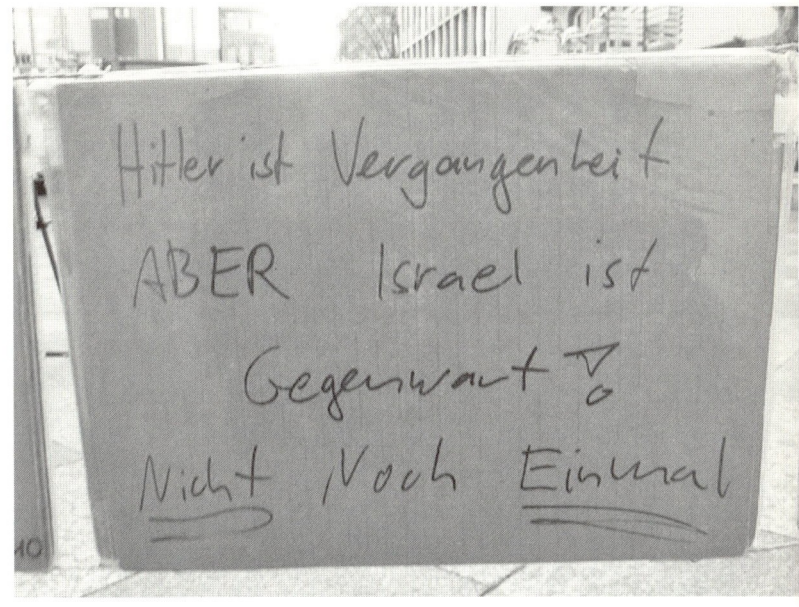

Israel droht mit Selbstverteidigung

Unter anderen Bedingungen hätte aus mir was werden
können. Im Sommer 1946, fünfzehn Monate nach Kriegsende geboren, hatte mich das Schicksal einem Vater und
einer Mutter zugeteilt, die sich gegenseitig das Überleben
übel nahmen. Wäre ich gefragt worden, ob ich unter diesen Voraussetzungen auf die Welt kommen wollte, hätte
ich sicher mit einem klaren »Nein!« geantwortet. Ich hatte
eine ziemlich miese Kindheit im polnischen Kattowitz.
Die Jugend im rheinischen Köln war auch nicht viel besser. Wurzeln schlagen, irgendwo heimisch werden, das kam
nicht in Frage. Wir waren auf der Durchreise. Leider hatten

meine Eltern vergessen, wohin sie eigentlich wollten. In die Schweiz? Nach Amerika? Oder doch nur zur Kur nach Bad Kissingen?

Es gab immer genug zu essen, auch über einen Mangel an Emotionen konnte ich mich nicht beklagen. Dass sich meine Eltern nicht gegenseitig umbrachten, lag vor allem daran, dass ich im entscheidenden Augenblick dazwischenging und sie entwaffnete. So lernte ich sehr früh, was »Streitkultur« bedeutet.

Mit 18 machte ich den Führerschein, mit 20 das Abitur, dazwischen verlor ich die Unschuld an Christiane, eine Trotzkistin aus gutem Hause, die sich sehr viel Mühe machte, mir den Unterschied zwischen der Dritten und der Vierten Internationale zu erklären. Sie brachte mir auch alles Wissenswerte über die »Diktatur des Proletariats« bei, die reaktionäre Kleinbürger wie mich, die sich weigerten, morgens um fünf Flugblätter an Fordarbeiter zu verteilen, sofort an die Wand stellen oder in ein Erziehungslager einweisen würde. Sie versprach, sich dafür einzusetzen, dass man mich im Erziehungslager anständig behandelt, allerdings konnte sie mir weder ein Einzelzimmer garantieren noch zusichern, dass man mir erlauben würde, abends nach getaner Zwangsarbeit einen anderen Sender als Radio Tirana zu hören. Später erfuhr ich, dass sie heimlich Klavierstunden bei einem Privatlehrer nahm.

Ich war, natürlich, links, nahm an Demonstrationen gegen den Vietnamkrieg, Springer und die Erhöhung der Fahrpreise bei den Kölner Verkehrsbetrieben teil. Ich bedauerte, den Kriegsdienst nicht verweigern zu können, weil ich, als Kind von Überlebenden, gar nicht dazu eingeladen wurde, ihn zu leisten. Gleich nach dem Abitur wollte ich Jurist werden, Strafverteidiger, der Unschuldige aus den Klauen der Klassenjustiz befreite, später Soziologe, der die Arbeit von Max Weber und Emile Durkheim fortsetzte. Mein besonderes Interesse galt der Darstellung der Sexualität in Wort und Bild, die Feldarbeit leistete ich in Antiquariaten, die »Bücher für Erwachsene« anboten: »Die vollkommene Ehe« von Theodor Hendrik van de Velde, »Josefine Mutzenbacher« von Felix Salten, die »Venus im Pelz« von Leopold von Sacher-Masoch, die »Sittengeschichte« in sechs Bänden von Eduard Fuchs. Mit 24 schrieb ich mein erstes Buch, »Wer hat Angst vor Pornographie?«, eine wilde Suada gegen Zensur im Literaturbetrieb, die Bundesprüfstelle für jugendgefährdende Schriften und notgeile Staatsanwälte, die sich bei der Jagd auf unanständige Bücher abreagierten. Ich ließ mich, nur mit einem Handtuch bekleidet, als Pin-up-Boy fotografieren, was meine Eltern dermaßen aus der Fassung brachte, dass sie ihre Streitigkeiten für eine Weile einstellten.

So tobte ich durch das Leben, wie ein Kind auf einer Kirmes, vom Autoscooter zur Achterbahn, vom Kettenkarussell zum Riesenrad. Es gab damals kein Facebook, kein Internet, keine Klimakatastrophe und kein allgemeines Rauchverbot. Wer etwas erleben wollte, konnte aus dem Haus gehen, ohne sich dabei Sorgen über den CO_2-Fußabdruck zu machen, den er den nachfolgenden Generationen hinterließ.

Anfang September 1972 kam es zu dem »Massaker von München«. Palästinensische Terroristen aus dem Umfeld des »Schwarzen September« überfielen die israelische Olympiamannschaft, nahmen elf israelische Sportler als Geiseln und brachten zwei von ihnen gleich bei der Geiselnahme um. Die übrigen neun wurden bei einem missglückten Befreiungsversuch getötet.

Ich gab mir damals alle Mühe, das Ereignis zu ignorieren oder es zumindest nicht als das wahrzunehmen, was es war: ein politisch motivierter Mord an Juden unweit der Stelle, an der bis 1945 einige zehntausend Häftlinge im Konzentrationslager Dachau vom Leben zum Tode befördert worden waren. Noch auffälliger war, wie der Anschlag in den Medien kommentiert wurde: zum einen als ein Versagen der deutschen Sicherheitsorgane, zum anderen als Reaktion auf die Politik Israels den Palästinensern gegenüber. Vor allem aber als eine Bedrohung für die »heiteren Spiele«, die »eine Werbung für die Bundesrepublik Deutschland sein« sollten (Willy Brandt), ein unbeschwertes, fröhliches Land, weltoffen und gastfreundlich, ganz anders als das Dritte Reich, das sich 1936 mit Olympischen Spielen schmückte.

Nach dem Tod der elf israelischen Sportler wurden die »heiteren Spiele« fortgesetzt, als wäre ein Lieferwagen mit Leberkäse auf dem Weg zum Olympiapark verunglückt. Die heiteren Spiele gingen mit einer heiteren Feier zu Ende. Danach ging es nur noch um die Frage, ob die Bundesrepublik »Schadenersatz« an die Angehörigen der Opfer zahlen sollte.

Vier Jahre später, im Sommer 1976, wurde eine Air-France-Maschine auf dem Flug von Tel Aviv nach Paris nach einer Zwischenlandung in Athen von zwei Terroristen der »Volksfront zur Befreiung Palästinas« und zwei Angehörigen der deutschen »Revolutionären Zellen« über Bengasi in Libyen nach Entebbe in Uganda entführt. Die Entführer wollten über 50 inhaftierte Gesinnungsgenossen aus Gefängnissen in Israel, Deutschland, Frankreich und der Schweiz freipressen, darunter Angehörige der RAF und der »Bewegung 2. Juni«.

Bis dahin handelte es sich um ein »normales« terroristisches Unternehmen. Dann aber fand auf dem Flughafen von Entebbe eine Selektion statt: 80 Israelis und 22 Juden mit französischen Pässen wurden aussortiert und festgesetzt, die übrigen Passagiere freigelassen. Sie durften mit einer anderen Air-France-Maschine heimfliegen.

Da die palästinensischen Terroristen aufgrund gewisser Bildungsdefizite nicht imstande waren, Juden von Nichtjuden anhand der Namen in den Pässen zu unterscheiden, übernahm der deutsche Terrorist Wilfried Böse – nomen est omen – diese Aufgabe. Als ihm einer der jüdischen Passagiere seine auf den Unterarm eintätowierte KZ-Nummer zeigte, soll Böse gesagt haben, er sei kein Nazi, sondern ein »Idealist«.

Eine Woche nach der Entführung der Air-France-Maschine, in der Nacht vom 3. auf den 4. Juli 1976, landete ein israelisches Kommando in Entebbe, liquidierte die Geiselnehmer, befreite die Geiseln aus der Obhut der ugandischen Armee und flog sie über Nairobi nach Tel Aviv. Bei der Befreiungsaktion kamen drei der 103 Geiseln ums Leben. Eine 75 Jahre alte Israelin, die in einem Krankenhaus in Kampala lag, wurde am folgenden Tag von Mitarbeitern des ugandischen Präsidenten Idi Amin in ihrem Bett getötet, ebenso die Ärzte und Krankenschwestern, die sie beschützen wollten.

Kaum waren die befreiten Geiseln in Tel Aviv gelandet, setzte eine Diskussion über die völkerrechtlichen Aspekte der israelischen Kommandoaktion ein. Der damalige UN-Generalsekretär Kurt Waldheim, ein Österreicher mit einer lupenreinen NS-Vergangenheit, bezeichnete die Aktion als eine »ernste Verletzung der Souveränität eines UN-Mitgliedsstaates«. Deutsche Antiimperialisten stimmten Waldheim zu und beklagten in Botschaften an Idi Amin die »flagrante Verletzung der Souveränität« Ugandas durch die brutalen Israelis.

Ich kam mir vor wie ein Besucher in einem Irrenhaus, in dem die Patienten die Verwaltung an sich gerissen hatten. Stein des Anstoßes war nicht die Entführung der Maschine und die Selektion der jüdischen Geiseln – die erste nach 1945 –, es war die israelische Aktion zur Befreiung der Geiseln. Die »Operation Entebbe« war mein privates Erweckungserlebnis. Anders als bei dem Olympia-Anschlag von 1972 war ich nicht in der Lage, mich in das Paradies der selig machenden Ignoranz zurückzuziehen. Wenn dies das fortschrittliche politische Milieu war, dann wollte ich mit dieser verkommenen Mischpoche nichts zu tun haben. Die gleichen Dritte-Welt-Aficionados, die bewaffnete Befreiungsbewegungen unterstützten, ohne sich um die Souveränität der betroffenen Staaten zu kümmern, die gleichen Hinterfrager, die nicht verstehen konnten, warum die Juden keinen Widerstand geleistet und sich »wie Vieh zur Schlachtbank« hatten führen lassen, waren nun ganz aus dem Häuschen, weil die Souveränität einer Telenovela-Republik verletzt wurde und Juden Widerstand geleistet hatten, ohne einen UN-Beschluss zum Umgang mit Entführern und ihren Komplizen abzuwarten.

Der »Ständige Ausschuss des Politbüros des ZK der KPD« – einer kleinen, aber sehr aktiven und lautstarken maoistischen Gruppe – gab eine »Erklärung« heraus, die mit dem Satz schloss: »Dem Ministerpräsidenten von Uganda, seiner Exzellenz Idi Amin, drücken wir unsere uneingeschränkte Solidarität aus und versichern ihm unser tief empfundenes Mitgefühl anlässlich der Ermordung von Angehörigen der ugandischen Armee.« Das Zentralorgan einer anderen maoistischen Organisation, des vor allem an Universitäten aktiven KBW, stellte grundsätzliche Überlegungen zur »Geschichte des Zionismus« an, die vor allem eine »Geschichte des Terrors« sei: »Mit seiner bewaffneten Aggression gegen Uganda, einen souveränen Staat, 3.700 km von Israel entfernt, hat der zionistische Staat eine weitere Seite in dieser Geschichte aufgeschlagen. Der zionistische Staat und seine imperialistischen Hinterleute mögen es noch eine Weile so treiben und die Unabhängigkeit der Staaten mit Füßen treten. Ihr Weg führt unvermeidlich in den Untergang. Hitlers Blitzkriege haben oberflächlichen Beobachtern große Bewunderung und großes Erstaunen abgerungen. Man weiß, wie es mit dem 3. Reich geendet hat… Die jetzige Aggression Israels gegen einen unabhängigen und souveränen Staat Afrikas wird früher oder später die angemessene Antwort erhalten…«

Das waren sozusagen rhetorische Höhenflüge aus gegebenem Anlass. Aber auch die ganz normale tägliche Berichterstattung kam ohne antisemitische Sottisen nicht aus.

Israel, der »militärische Brückenkopf der US-Imperia-
listen mitten im Herzen der arabischen Länder«, ist »die
blutrünstige und machtgierige Bastion gegen die Völker«,
ein »bis an die Zähne bewaffneter grausamer Feind, der
auch vor Völkermord nicht zurückschreckt«, »die israelischen Faschisten kennen kein Erbarmen«, »die Zionisten sind tausendfach Mörder und nur durch Terror und
Massenmord in den Besitz des palästinensischen Territo-
riums gelangt«, »israelische Supermörder« und »zionistische Mordbanden« bedienen sich »des faschistischen
Terrors, um ganze Landstriche Palästinas araberfrei zu machen«, die Zionisten sind »die Nazis unserer Tage«, in Israel zeigt sich »der unterdrückerische und menschenverachtende Charakter des israelischen Kolonialstaates« und
»der menschenverachtende und parasitäre Charakter des
israelischen Unterdrückerstaates«, Israel wird »von einer
Militärkaste beherrscht« und ist ein »mit geraubtem Land
und geschnorrtem Geld errichtetes künstliches Gebilde«.

Die »Zentralorgane«, in denen diese Überlegungen zur
Lage im Nahen Osten erschienen sind, gibt es nicht mehr,
sie modern im Abgrund der Geschichte. Aber die Inhalte
der »Roten Fahne«, des »Roten Morgens«, der »Kommu-
nistischen Volkszeitung«, des »Arbeiterkampfes« und anderer Sprachrohre des Anti-Imperialismus findet man heute in
der FAZ und der taz, der SZ und der FR, dem »Stern« und
der »Berliner Zeitung«. Etwas feiner formuliert, aber subs-
tanziell gleich. Im redaktionellen Teil, in den Leserbriefen
und in den Foren der Online-Angebote. Was in den siebziger Jahren an den Rändern der Gesellschaft vor sich hin kö-
chelte, macht sich heute im Mainstream breit.

Alles, was man über den »menschenverachtenden Charakter des israelischen Unterdrückerstaates« wissen muss, fasste »Focus Online« in einem einzigen Satz zusammen: »Israel droht mit Selbstverteidigung.« Ja, so sind sie, die Zionisten: passiv-aggressiv und bis an die Zähne bewaffnet, während die Hamas im Gaza-Streifen nur »selbst gebaute« bzw. »selbst gebastelte« Raketen abfeuert, harmlos wie Silvesterkracher, wie uns immer wieder versichert wird, um die »Unverhältnismäßigkeit« der israelischen »Vergeltungsmaßnahmen« zu beschreiben.

Mit Entebbe war es mit meinem »state of denial« schlagartig vorbei. Ich mutierte zu einem Streckenwärter, der die Gleise entlangläuft und einsammelt, was aus den vorbeifahrenden Zügen fällt. Ich las die vielen linken Organe und exzerpierte alles, was mit dem Konflikt im Nahen Osten zu tun hatte. Von einer bösartigen, einseitigen, tendenziösen Berichterstattung oder Kommentierung zu sprechen, wäre eine arge Untertreibung. Es war der reine Antisemitismus im Kostüm des Antizionismus; die Maskerade war ein wichtiger Teil der Vorstellung, denn nicht nur Gerhard Zwerenz war damals der Überzeugung, ein Linker könne von Natur aus kein Antisemit sein, basta!

Die private Überzeugung von Zwerenz und seiner politischen Freunde war in der DDR Teil der Staatsräson. Da man mit dem Dritten Reich nichts zu tun und den »Hitler-Faschismus« mit Stumpf und Stiel »ausgerottet« hatte, war man auch gegen Antisemitismus vollkommen immun. Man hatte einfach »Juden« gegen »Zionisten« und »Weltjudentum« gegen »Zionismus« ausgetauscht – so wie Gysi und seine Freunde später den Firmennamen »SED« aufgaben und sich den Namen »Partei des demokratischen Sozialismus« zulegten.

Sowohl in der Bundesrepublik wie in der DDR war Antisemitismus gleichbedeutend mit Rassismus und Ressentiment, roch nach SA, SS und Zyklon B. Antizionismus aber war eine saubere politische Haltung, man hatte nichts gegen Juden, denen so Schreckliches widerfahren war, man übte nur Kritik am Verhalten der Zionisten, den »Nazis unserer Tage«.

Die Verlagerung der eigenen Vergangenheit auf Israel war ein durchaus kluges Manöver, auch wenn es nicht aus dem Kopf, sondern aus dem Verdauungstrakt kam. Deutschland hatte einfach ein zu großes Stück Geschichte abgebissen, das nun buchstäblich quer im Magen lag und Schmerzen verursachte. Und so wie man gelegentlich deutschen Müll auf Deponien im benachbarten Ausland entsorgte, so wollte man auch den historischen Müll außer Landes bringen. Ihn nach Israel zu schaffen, hatte gleich zwei Vorteile: Erstens konnte man damit den »Judenknacks« (Dieter Kunzelmann) loswerden, der die Deutschen an ihrer »Wiedergutwerdung« (Eike Geisel) hinderte. Zweitens holte man damit vollkommen risikolos den Widerstand nach, den die eigenen Eltern nicht geleistet hatten. Man kämpfte gegen »israelische Faschisten«, die Palästina »araberfrei« machten, gegen einen »grausamen Feind«, der auch vor »Völkermord« nicht zurückschreckte. Aber es waren nicht die Wehrmacht, die Waffen-SS und die Sondereinheiten des Reichssicherheitshauptamts (RSHA), die hinter der Front aufräumten, es waren »israelische Supermörder« und »zionistische Mordbanden«, die man daran hindern musste, ein anderes Volk, die Palästinenser, auszurotten.

Damals wie heute kam die »Israelkritik« nicht ohne einen Rekurs auf das Dritte Reich aus. Mir waren der obsessive Charakter und die historische Dimension dieser Strategie nicht klar, ich fand sie nur seltsam. Ich ahnte, es ging nicht um Israelis, es ging um Deutsche, die Kinder von Adolf Eichmann, Heinrich Himmler und Reinhard Heydrich.

Das Einzige, was man ihnen zugutehalten konnte, war, dass sie tatsächlich mit der eigenen Geschichte haderten. Das reichte aber nicht, um ihnen durchgehen zu lassen, dass sie in den Spuren ihrer Eltern wandelten. Die Deutschen, schrieb Wolfgang Pohrt, führten sich auf wie »Bewährungshelfer«, die vor allem darauf achten, dass »ihre Opfer nicht rückfällig werden«. Eine bessere, genauere und trostlosere Beschreibung der deutschen Krankheit ist noch niemandem gelungen.

Hinzu kam, dass die einzelnen linken Gruppen und »Massenorganisationen« sich bis aufs Blut bekämpften, gegenüber Israel aber eine feste Front bildeten. Israel war nicht nur der kleinste, es war auch der einzige gemeinsame Nenner ihrer Politik. Ein Mann wie Klaus Rainer Röhl, der Herausgeber der Zeitschrift »konkret«, war in der linken Szene höchst umstritten, seinem Satz, Israel sei ein »mit geraubtem Land und geschnorrtem Geld errichtetes künstliches Gebilde« konnten aber alle zustimmen, die sich mit ihm nicht einmal auf die beste Whiskey-Sorte einigen konnten. Dabei – wir sind noch in den siebziger Jahren, acht Jahre nach dem Sechstage- und drei Jahre nach dem Jom-Kippur-Krieg – ging es nicht um die besetzten Gebiete, um Gaza, den Golan und die Westbank, es ging um Israel an sich, ein mit geraubtem Land und geschnorrtem Geld errichtetes künstliches Gebilde, das man seinen rechtmäßigen Besitzern zurückgeben müsse. So wie Deutschland »Wiedergutmachung« an den Juden geleistet hatte, so sollte es auch dafür sorgen, dass die Palästinenser entschädigt werden, denn sie waren ja die »Opfer der Opfer«. Der moralische Imperativ dieser Forderung bestimmt bis heute die deutsche Haltung zum Nahostkonflikt.

Damals wie heute war es schwierig bis unmöglich, einen ehrlichen Antisemiten zu finden, der aus seinem Herzen keine Mördergrube macht. Eher zeigt sich ein Steuerhinterzieher selbst beim Finanzamt an, als dass ein ganz normaler Deutscher zugibt, ein Problem mit Juden zu haben. Solange sich der Antisemitismus auf Ausgrenzung und Diskriminierung beschränkte, war er eine halbwegs ehrenwerte Haltung, nicht nett, aber auch nicht letal. Nach Auschwitz wäre ein offenes Bekenntnis zum Antisemitismus eine retroaktive Beihilfe zum Massenmord. Es ist also erheblich komplizierter geworden, die Juden nicht zu mögen und diesem Gefühl einen zeitgemäßen Ausdruck zu verleihen – indem man zum Beispiel schreibt, Israel sei ein »mit geraubtem Land und geschnorrtem Geld errichtetes künstliches Gebilde«.

In diesem Satz stecken zwei Botschaften. Erstens: Die Israelis sind Landräuber und Schnorrer, eine Variante des antisemitischen Klassikers von den Juden als Blutsauger und Parasiten. Zweitens: Ein auf dieses Weise zustande gekommenes »künstliches Gebilde« hat keine Existenzberechtigung. Natürlich sagte Röhl nicht, so ein Land gehöre abgeschafft oder aufgelöst. Aber genau das ist der Subtext, der sich dem Leser erschließt. Weg mit diesem künstlichen Gebilde, das durch Raub und Schnorrerei entstanden ist!

Als Röhl diese Zeilen schrieb, im Sommer 1973, war er selbst ein Schnorrer, der kofferweise Bargeld aus der DDR anschleppte, um ein künstliches Gebilde namens »konkret« am Leben zu erhalten. Aber anders als die Israelis tat er es für einen guten Zweck – um Sand ins Getriebe des Kapitalismus zu streuen und nebenbei seinen aufwendigen Lebensstil zu finanzieren. Und so wie sich Dr. Jekyll bei Vollmond in Mr Hyde verwandelt, so mutierte der Hanseat Röhl immer wieder zu einem antisemitischen Jammerlappen, der sich beispielsweise über die gute körperliche Verfassung von Henry Kissinger wunderte, die es ihm erlaubte, die vielen Reisen »ohne eine Andeutung von Verschleiß oder Abnutzung« zu überstehen, was Röhl vor allem auf die »jahrtausendealte gesunde koschere Ernährung« zurückführte, speziell auf die mit »Knoblauch«, so Röhl in einem Artikel. Ein anderes Mal räsonierte er über »kalte Krieger« wie Gerhard Löwenthal und William S. Schlamm, weil sie politische Positionen vertraten, die Röhl für inakzeptabel hielt: »In Nordamerika, wo es viele Schlamms und Löwenthals gibt, kursiert unter Studenten der Satz, dass Hitler die europäischen Juden vertrieben habe, damit sie in den USA den Faschismus aufbauen helfen …«

Nachdem die »Allgemeine Wochenzeitung der Juden« in einem ausgesprochen zurückhaltenden Beitrag Röhl vorgeworfen hatte, an »antisemitische Instinkte« zu appellieren, reagierte er wie ein Einbrecher, der sich über die schlechten Manieren des Hausbesitzers aufregt, weil dieser ihm die Tür nicht geöffnet habe. Der Artikel in der »Allgemeinen« sei »eine offene Denunziation, eine Aufforderung an die Justiz«, etwas, das man »nicht mit Schweigen übergehen« könne. Also sprach »konkret«-Herausgeber Klaus Rainer Röhl: »Vorbild dieser Zeitschrift waren und sind die Weltbühne Ossietzkys und sein wichtigster Autor Tucholsky. Zu den Autoren der ersten Stunde gehören... Kurt Hiller und viele andere jüdische Schriftsteller und Publizisten, Opfer des Faschismus und Gegner der Faschisten: Robert Neumann und Erich Fried, der Ostberliner Anwalt Friedrich Karl Kaul ebenso wie der Generalstaatsanwalt Fritz Bauer, Ludwig Marcuse und Hermann Kesten, ebenso wie die Hamburger Freunde Peggy Parnass und Eberhard Zamory, Mitstreiter der frühen Jahre...«

Es gehört zu den Ritualen des Antisemitismus, dass seine Subjekte, sobald man sie mit beiden Armen bis zu den Ellbogen im Mustopf ihrer Aufwallungen erwischt, sofort anfangen, ihre »jüdischen Freunde« aufzuzählen. Eine Verteidigungsstrategie, wie sie idiotischer nicht sein könnte, geradezu ein Beweis, dass der Vorwurf berechtigt ist. Erstens haben sie ihre Umwelt bereits in Juden und Nichtjuden eingeteilt, was eine Lieblingsbeschäftigung der Antisemiten ist, zweitens übersehen sie, dass auch Juden Antisemiten sein können, wofür die Geschichte und die Literatur genügend Beispiele bieten: von Karl Marx bis Otto Weininger früher, von Norman Finkelstein bis Gerard Menuhin heute. Ihre öffentliche Existenz verdanken sie vor allem dem Umstand, dass sie jüdische Antisemiten sind, wogegen im Prinzip nichts zu sagen ist – denn der Antisemitismus ist eine Krankheit, die jeden befallen kann, unabhängig von sozialer Herkunft, Bildungsstand, nationaler, religiöser oder ethnischer Zugehörigkeit. Die Welt ist voller Matrosen, die seekrank werden, und Moralhüter, die sich an Kindern vergreifen.

Das Problem mit dem Antisemitismus ist, dass es für ihn keine Maßeinheit gibt, keinen Ur-Meter, an dem man ihn messen könnte. Natürlich kann man von »gemäßigten« und von »radikalen« Antisemiten sprechen (so wie man mittlerweile zwischen gemäßigten und radikalen Islamisten unterscheidet). Die liberalen klassischen Antisemiten wollten die Juden nur aus dem gesellschaftlichen Leben entfernen und sie irgendwohin ausschaffen, die radikalen klassischen Antisemiten wollten sie gleich ermorden. In der Praxis trägt diese Unterscheidung aber nicht wesentlich zur Klärung der Begriffe bei.

Denn um sicherzugehen, dass die Juden nicht zurückkommen und sich wieder in der Volksgemeinschaft festsetzen, musste man sie umbringen, auch die Kinder und die Ungeborenen. Als radikaler Antisemit beziehungsweise Antizionist gilt heute jemand, der Israel als ein Krebsgeschwür bezeichnet, das entfernt werden muss. Ein gemäßigter Antisemit bzw. Antizionist ist einer, der den Nahostkonflikt »gewaltfrei« lösen möchte, indem er vorschlägt, die Juden/Israelis sollten dahin zurückgehen, woher sie gekommen sind: nach Russland, Polen, Deutschland, Österreich, Ungarn und Hawaii.

Weil es also keinen Antisemitismus-Ur-Meter gibt, steht es jedermann und jederfrau frei, den Begriff nach eigenem Gusto und Bedarf zu definieren. Die Deutschen haben Glück gehabt, die Geschichte hat ihnen den Maßstab ins Haus geliefert: Auschwitz und der Holocaust. Deswegen rufen sie »Nie wieder!« und »Wehret den Anfängen!«, bauen monströse Mahnmale und gedenken jedes Jahr am 27. Januar der Befreiung von Auschwitz durch die Rote Armee. Es sei unsere gemeinsame Pflicht, sagen dann die Festredner, dafür zu sorgen, dass sich so etwas Schreckliches nie mehr wiederholt. Doch kaum haben die Redner ihre Manuskripte wieder eingesteckt und die Musiker ihre Instrumente eingepackt, geht es mit der Routine weiter. Man empfängt Vertreter der iranischen Regierung und der iranischen Wirtschaft und verhandelt mit ihnen über einen Ausbau der Beziehungen, wohl wissend, dass die iranische Atompolitik nicht nur Israel, sondern den ganzen Nahen und Mittleren Osten bedroht. Die Deutschen sind dermaßen damit beschäftigt, den letzten Holocaust nachträglich zu verhindern, dass sie den nächsten billigend in Kauf nehmen. Man kann sich ja nicht um alles gleichzeitig kümmern, man muss Prioritäten setzen. Das »Nie wieder!« bezieht sich auf 1933, »Wehret den Anfängen!« meint die »Machtergreifung« durch die Nazis. Zugleich sind die Deutschen sehr stolz darauf, dass sie, im Gegensatz zu den Juden/Israelis, »aus der Geschichte gelernt« haben. Und was haben sie gelernt? Dass vom deutschen Boden nie wieder ein verlorener Krieg ausgehen darf!

Auschwitz ist zu einer Art Markenzeichen geworden, für das Böse an sich und für einen radikalen Bruch mit der Vergangenheit. Also dafür, wie man erst maßlos sündigen und gleich darauf gewinnbringend büßen kann. »In anderen Ländern beneiden manche die Deutschen um dieses Denkmal«, sagte Eberhard Jäckel als Festredner bei dem »Bürgerfest« zum fünften Jahrestag der Inauguration des Berliner Holocaust-Mahnmals. Obwohl der Eintritt frei ist, hat es seine Baukosten von etwa 25 Millionen Euro längst eingespielt, denn es zählt neben dem Jüdischen Museum, der Reichstagskuppel, der Museumsinsel und dem Checkpoint Charlie zu den wichtigsten Touristenattraktionen der Hauptstadt. Aber auch der nichtmaterielle Gewinn ist gewaltig. Das »Mahnmal für die ermordeten Juden Europas« zeugt von der Bereitschaft der Deutschen, sich mit der eigenen Geschichte auseinanderzusetzen. Das ist in der Tat eine ganze Menge in einem Land, in dem man sogar den Bundespräsidenten zwingen muss, kleine Sünden bei der Finanzierung einer Immobilie zuzugeben. Und verglichen mit den Türken, die bis heute den Völkermord an den Armeniern leugnen, sind die Deutschen die perfekten Aufarbeiter und Bewältiger. Manchmal freilich dauert es doch etwas länger.

Im Sommer des Jahres 2004 reiste die damalige Ministerin für Entwicklungshilfe, Heidemarie Wieczorek-Zeul, nach Namibia, um die dort lebenden Hereros um Vergebung für einen 100 Jahre zurückliegenden Völkermord zu bitten: Im Jahre 1904 hatte der kaiserliche Offizier Lothar von Trotha einen Herero-Aufstand mit deutscher Gründlichkeit niedergeschlagen, wobei etwa 70.000 Eingeborene ums Leben kamen. Die Ministerin, so berichteten die Zeitungen, war während ihrer Ansprache »den Tränen nahe«, sie sagte, heute würde man so ein Ereignis »als Völkermord bezeichnen«. Allerdings erfolgte die Entschuldigung erst, nachdem feststand, dass die Nachkommen der Opfer keine »Wiedergutmachung« von der Bundesrepublik verlangen würden. Es war ein symbolischer Akt, gebührenfrei und im kleinen Rahmen.

Nicht ganz so lange, nämlich nur 67 Jahre, dauerte es, bis sich die deutsche Justiz auf die Suche nach den Tätern begab, die im Juni 1944 über 600 Einwohner des französischen Dorfes Oradour hingemetzelt hatten. Ende November 2011 wurden die Wohnungen von sechs Verdächtigen, alle Mitte bis Ende achtzig, durchsucht, wobei allerdings »keine wesentlichen Beweismittel« gefunden werden konnten. Keine Leichen im Keller, keine Tapferkeitsorden, nicht einmal eine Postkarte von Eva Braun. Offenbar hatten die ehemaligen SS-Männer die Zeit seit Kriegsende genutzt, um belastendes Material beiseitezuschaffen. So viel kriminelle Energie hätte ihnen niemand zugetraut! Wahrscheinlich muss das Ermittlungsverfahren nun aus Mangel an Beweisen eingestellt werden.

Von Johannes Gross stammt der Satz: »Je länger das Dritte Reich zurückliegt, umso mehr nimmt der Widerstand gegen Hitler und die Seinen zu.« Gross ist leider zu früh gestorben, um zu erleben, wie sehr er mit dieser Feststellung richtiglag. Nichts hat derzeit in Deutschland eine solche Konjunktur wie der »Widerstand« – gegen den toten Onkel Adi und seine Kumpane, gegen Atommülltransporte und den Neubau eines Bahnhofs zum Schutze einiger Juchtenkäfer. Wenn sich »Wutbürger« zusammenrotten, um Bäume vor dem Umbetten zu bewahren, so gilt das bereits als »Widerstand«.

Das Dritte Reich ist eine Art Wechseltapete, mit deren Hilfe man Zeitreisen inszenieren kann. Fritz Kuhn von den

Grünen zum Beispiel, der zum Realo-Flügel seiner Partei zählt, hat im Zusammenhang mit dem Streit um die Mohammed-Karikaturen, die in der dänischen Tageszeitung »Jyllands-Posten« erschienen sind, erklärt, ihn würden diese (exzessiv harmlosen) Cartoons an die »antisemitischen Karikaturen im Stürmer« erinnern. Entweder hatte Kuhn grad kein Kleingeld bei sich oder er verfügt über ein phänomenales pränatales Gedächtnis, wurde er doch erst 1955 geboren.

Es scheint ein Teil des deutschen Generationenvertrages zu sein, dass die Kinder und Enkel das nachzuholen versuchen, was die Eltern und Großeltern versäumt haben. Das kann natürlich nicht funktionieren, schon gar nicht in einem System, das auf Deeskalation und Dialog setzt und Polizisten als »Anti-Konflikt-Berater« in die Straßenschlachten mit der Autonomen Antifa schickt, die man schon rein äußerlich nicht von den Schlägertrupps der Neonazis unterscheiden kann.

Dennoch: Die Freude, einen Castor-Transport ein paar Stunden aufgehalten zu haben, bringt die Aktivisten gefühlt in die Nähe der Geschwister Scholl. Wer im Bioladen einkauft, fair gehandelten Kaffee trinkt, kalt duscht und seinen Müll trennt, der führt schon »ein widerständiges Leben«.

In diesem Kontext der paradoxen Befindlichkeiten bietet der »Widerstand« gegen die »israelischen Faschisten« und »zionistischen Mörderbanden« eine zusätzliche Gratifikation. Man entsorgt nicht nur die eigene Geschichte vor der Tür der Opfer, man tritt auch zum Schulterschluss mit der Mehrheit der Volksgemeinschaft an. Die Ansicht, dass die Israelis den Palästinensern das antun, was die Nazis den Juden angetan haben, ist in Deutschland inzwischen so weit verbreitet und so akzeptiert, dass »Gaza« und »Warschauer Ghetto« zu Synonymen geworden sind. Soll damit die Lage der Palästinenser dramatisiert oder das Warschauer Ghetto verharmlost werden? Beides geht, und das ist das Perfide daran.

Erst einmal ist es eine einfache rhetorische Figur, mit der die Israelis zu Nazis und die Palästinenser zu den Juden der Israelis ernannt werden. Diese rhetorische Figur ermöglicht es ihren Erfindern, »Widerstand« gegen Nazis zu leisten, weitgehend symbolisch und im Kreise Gleichgesinnter. Unnötig zu sagen, dass der antizionistische Flashmob über der Realität schwebt.

Für die freilich, die wohl wissen, dass Gaza zwar nicht der »Club Med« ist, dass es dort aber neben Elendsquartieren auch elegante Shopping-Malls, luxuriöse Restaurants und ein reges Strandleben gibt, wirkt die Analogie anders: Wenn es in Gaza so zugeht wie einst im Warschauer Ghetto, dann können die Lebensbedingungen dort so schlimm nicht gewesen sein. Bingo!

Das Gleiche gilt auch für den »Völkermord«, den Israel an den Palästinensern begeht. Es handelt sich um den ersten Völkermord in der Geschichte der Menschheit, bei dem sich die betroffene Population um ein Vielfaches vermehrt hat, allein in Gaza von etwa 300.000 Menschen im Jahre 1967, dem Beginn der Besatzung, auf über 1,5 Millionen im Jahre 2005, als Israel den Küstenstreifen räumte.

Während sich in Deutschland eine gigantische Gedenkindustrie »Gegen das Vergessen« entwickelt hat, die Stolpersteine verlegt, Ausstellungen und Studienfahrten in ehemalige Konzentrationslager organisiert, die ihrerseits als »Bildungsurlaub« geltend gemacht werden, haben die Antisemiten durchaus dazugelernt. Nur noch Exzentriker wie Horst Mahler und seine Anhänger leugnen den Holocaust oder behaupten, die Juden seien in Arbeitslagern an Erschöpfung und Unterernährung gestorben, wie Millionen von deutschen Soldaten in sowjetischer Gefangenschaft. Der moderne Antisemit benutzt die »Auschwitz-Keule«, um sie den Juden/Israelis um die Ohren zu hauen: »Ihr seid auch nicht besser, also hört endlich damit auf, uns Vorwürfe zu machen!« Eine verständliche und nachvollziehbare Strategie, um das eigene Gewissen zu beruhigen. Schon deswegen wäre es sinnvoll, Auschwitz zu vergessen. Noch besser wäre es, das Lager dem Erdboden gleichzumachen, statt Unsummen auszugeben, um diesen Rummelplatz des Schreckens zu sanieren und zu konservieren. Allein die Bundesrepublik hat 60 Millionen Euro zugesagt, derweil die letzten Überlebenden des Holocaust in Polen mit weniger auskommen müssen als ein von der UNRWA versorgter Palästinenser in Gaza. Eine Sprecherin des Außenamtes erklärte Anfang 2009 gegenüber der dpa: »Wir betrachten es weiterhin als eine Kernaufgabe Deutschlands, die Erinnerung an den Holocaust wachzuhalten. Wir werden weiterhin zu der historischen Verantwortung Deutschlands stehen.«

Genau darin liegt das Problem. Die historische Verantwortung Deutschlands erschöpft sich darin, »die Erinnerung an den Holocaust wachzuhalten«, nicht etwa die kommende Endlösung der Nahostfrage zu verhindern. Es ist eine Art Ablasshandel. Dabei sind 60 Millionen für die Sanierung von Auschwitz nur ein Bruchteil der Summe, die im deutsch-iranischen Handel umgesetzt wird; eine Broschüre der »Deutsch-Iranischen Handelskammer zu Teheran« führt 200 deutsche Firmen auf, die im und mit dem Iran Geschäfte machen, darunter auch zwei Unternehmen, die Tunnelbohrmaschinen herstellen, die für den Bau von unterirdischen Urananreicherungsanlagen gebraucht werden, und zwei Hersteller von »fahrzeuggestützten«, das heißt mobilen Kränen, die bei öffentlichen Hinrichtungen zum Einsatz kommen.

Eine große Mehrheit der Deutschen will von einer besonderen deutschen Verantwortung für Israel nichts wissen. Bei einer Emnid-Umfrage vom November 2011 waren sich 70 Prozent der Befragten der »ernsthaften Gefahr« bewusst, die das iranische Atomprogramm für Israel bedeutet, dennoch sprachen sich 83 Prozent dafür aus, dass Deutschland neutral bleibt, falls es zu einem militärischen Konflikt zwischen Israel und dem Iran kommen sollte. So viel zur Parole: »Wehret den Anfängen!«

Und nun wird es ernst. Rainer Werner Fassbinder lässt in seinem Theaterstück »Der Müll, die Stadt und der Tod« den Antisemiten Hans von Gluck Folgendes sagen: »Und Schuld hat der Jud, weil er uns schuldig macht, denn er ist da. Wär er geblieben, wo er herkam, oder hätten sie ihn vergast, ich könnte heute besser schlafen. Sie haben vergessen, ihn zu vergasen. Das ist kein Witz, so denkt es in mir.« Vor allem wegen dieser Sätze musste sich Fassbinder den Vorwurf gefallen lassen, ein Antisemit zu sein. Aber das war er nicht. Er hat nur genau und gnadenlos die Befindlichkeit eines Antisemiten in eine Formel gepackt. »So denkt es in mir.«

In der Tat denkt das Es im Antisemiten, während das Ich Ausreden erfindet, weil das Über-Ich gelernt hat, dass man nicht Antisemit sein darf. Deswegen berufen sich Antisemiten bei jeder passenden und unpassenden Gelegenheit auf »jüdische Freunde« oder ihre eigene Herkunft, deswegen gerieren sie sich als politische »Antizionisten«, die einen Beitrag zur Befriedung des Nahen Ostens leisten wollen, wobei sie genau wissen, dass sie nur alten Wein in neue Schläuche füllen.

»Und Schuld hat der Jud, weil er uns schuldig macht, denn er ist da. Wär er geblieben, wo er herkam, oder hätten sie ihn vergast, ich könnte heute besser schlafen«, sagt Hans von Gluck. Tauscht man den »Jud« gegen Israel aus, hat man den schmalen Grat vom Antisemitismus zum Antizionismus überschritten. Und schon wähnt man sich auf der vermeintlich sicheren, politisch-korrekten Seite.

Israel ist im Wellness-Bewusstsein der Deutschen ein Störfaktor. Ein Stachel im Fleisch, ein Steckschuss, der immer wieder Schmerzen verursacht. Israel erinnert die Deutschen nicht nur täglich daran, dass es den Holocaust gegeben hat, es macht ihnen auch bewusst, dass ihre Väter und Großväter mit einem kühnen Projekt gescheitert sind: Europa judenrein zu machen. Denn schlimmer, als ein Verbrechen zu verüben, ist es, ein Verbrechen nicht zu Ende gebracht zu haben. Erinnerungstechnisch wären die Deutschen – aber auch viele Europäer, die mit den Nazis kollaboriert haben – besser dran, wenn die Nazis die »Endlösung« vollendet hätten, wenn also niemand mehr da wäre, der sie daran erinnert, dass sie versagt haben.

Fairerweise muss man hinzufügen, dass Israel zu dieser Einstellung maßgeblich beigetragen hat, indem es sich seit seiner Gründung als das Nachspiel zum Holocaust präsentiert. Es ist keine gute Idee, jeden Staatsgast, kaum dass er in Tel Aviv gelandet ist, nach Yad Vashem zu karren, ihn dort einen Kranz zur Erinnerung »an die sechs Millionen« niederlegen und das übliche »Nie wieder!« ins Gästebuch schreiben zu lassen. Auch wenn es nur ein Ritual ist, das beide Seiten lustlos absolvieren: Irgendwann wird der Bußgang zur Zumutung. Allmächtiger! Nicht schon wieder! Wer sich ständig als Opfer präsentiert, muss damit rechnen, dass das Mitgefühl der Umwelt irgendwann in Aggression umschlägt. Nicht zufällig ist »Du Opfer!« ein auf deutschen Schulhöfen beliebtes Schimpfwort geworden. Wer sich mit seiner Bestimmung als Opfer abgefunden hat, lädt den oder die Täter dazu ein, es noch einmal zu versuchen. Die Frage, ob Israel auch ohne den Holocaust gegründet worden wäre, mag eine interessante Aufgabenstellung für wissenschaftliche Konferenzen und akademische Arbeiten sein, für den Alltag der Israelis und deren Beziehung zur übrigen Welt ist sie vollkommen irrelevant. Die zionistische Bewegung entstand Ende des 19. Jahrhunderts, Herzls »Judenstaat«, der »Versuch einer modernen Lösung der Judenfrage«, erschien im Jahre 1896.

Wäre Israel tatsächlich nur ein weiterer Kollateralschaden des Zweiten Weltkrieges – wie beispielsweise die deutsche Teilung –, dann müsste man sich in der Tat fragen, warum die Juden ihren Staat nicht irgendwo in Europa, zum

Beispiel in Schleswig-Holstein oder in der Steiermark, etabliert haben und warum die Palästinenser den Preis für die Sünden der Europäer bezahlen sollen.

Wie man die Sache auch dreht und wendet, Israel ist »a pain in the ass«. Und jetzt wollen die auch noch U-Boote! Es ist, als stünde einem jeden Morgen der Gerichtsvollzieher wegen längst verjährter Schulden vor der Haustür.

Der Antizionismus in sich ist ebenso wenig eine monolithische Bewegung, wie es der Zionismus war: Der Bogen spannt sich von Neonazis, die mit dem Ruf »Nie wieder Israel!« zu erkennen geben, dass sie diskursmäßig auf der Höhe der Zeit sind, bis zu durchgeknallten ultraorthodoxen Juden und Juden-Darstellern, die den Allmächtigen darum bitten, dem zionistischen Frevel im Heiligen Land ein Ende zu bereiten. Wirklich relevant aber, weil auf einer Art Theorie basierend, ist nur der linke Antizionismus. Der geht, zusammengefasst, so:

Die Juden sind kein Volk, keine Nation, keine Ethnie, sie sind eine Glaubens- bzw. Schicksalsgemeinschaft. Als solche haben sie keinen Anspruch darauf, sich territorial zu organisieren.

Darüber diskutieren seit Tausenden von Jahren die Juden untereinander. Es wäre nett, wenn die Antizionisten es ihnen überlassen würden, darüber zu entscheiden, was sie sein möchten.

Der Zionismus ist eine nationale Bewegung, die im 19. Jahrhundert entstanden ist. Inzwischen haben Nationalismen ausgedient. Die »jüdische Frage« bzw. das »jü-

dische Problem« kann nicht dadurch gelöst werden, dass
sich die Juden zu einer Nation erklären, zumal auf Kosten
eines anderen Volkes. Sie müssen sich »emanzipieren«,
überall dort, wo sie leben.

Wenn das so wäre, müssten die Völker des ehemaligen
Jugoslawien ihre nationalen Organisationen wieder aufgeben. Osttimor, der Südsudan und die Slowakei ebenso.
Auch die Palästinenser hätten keinen Anspruch darauf, als
Nation anerkannt zu werden, denn sie sind Teil der Umma,
der großen arabischen Gemeinschaft. Falls sie doch ein
Volk sein sollten, dann wurden sie dazu nur unter dem
Druck der israelischen Besatzung. Und was die »Emanzipation« der Juden angeht, so heißt es schon bei Marx: »Die
gesellschaftliche Emanzipation des Juden ist die Emanzipation der Gesellschaft vom Judentum.«

Israel ist ein Fremdkörper im Nahen Osten, ein künstli-
ches Gebilde. Der jahrzehntelange Nahostkonflikt ist ein
gefährlicher Brandherd, der zum Dritten Weltkrieg führen
könnte. Es gilt, ihn zu entschärfen, ehe er außer Kontrolle
gerät.

Fremdkörper im Nahen Osten sind auch die Kopten in
Ägypten, die Baha'i im Iran und die Kurden in der Tür-
kei, im Irak, Iran und in Syrien, die seit dem Vertrag von
Sèvres im Jahre 1920 auf die ihnen versprochene Autono-
mie warten. Außer Island, Japan, den Malediven und den
Königreichen Tuvalu und Tonga gibt es keinen Staat auf
der Welt, der nicht ein künstliches Gebilde wäre. Ginge
es nach diesem Kriterium, müsste man über das Existenzrecht der Bundesrepublik als Erstes verhandeln. Man sollte

dabei auch nicht vergessen, welch fatale Rolle die deutsche Außenpolitik unter Genscher bei der Zerschlagung des »künstlichen Gebildes« Jugoslawien in andere »künstliche Gebilde« gespielt hat. Vor dem Hintergrund der Geschichte der letzten 60 Jahre und gemessen an der Zahl der Opfer ist der Kampf um Palästina einer der kleinsten und unwichtigsten Konflikte der Gegenwart. Es ist aber auch der einzige Konflikt, bei dem der Flüchtlingsstatus vererbt wird, was dazu geführt hat, dass aus den etwa 800.000 Palästinensern, die nach der Gründung Israels fliehen mussten, inzwischen etwa 4,8 Millionen geworden sind, die auf ihr »Rückkehrrecht« nicht verzichten wollen. Die »United Nations Relief and Works Agency for Palestine Refugees in the Near East (UNRWA)«, 1949 gegründet, ist mit über 29.000 Mitarbeitern und einem Budget von etwa 1,2 Milliarden Dollar allein im Jahre 2011 der größte Arbeitgeber im Nahen Osten.

Man kann nur schätzen, wie viele Milliarden die UNRWA seit ihrer Gründung eingenommen und ausgegeben hat, um die Lage der palästinensischen Flüchtlinge buchstäblich zu zementieren. In jedem Fall ist der Selbsterhaltungstrieb der Organisation das größte Hindernis bei der Rehabilitation der Objekte ihrer Fürsorge.

Alle Argumente der Antizionisten laufen auf einen Punkt hinaus: Israel stellt eine Gefahr für den Weltfrieden dar. Ohne einen befriedeten Nahen Osten kein Frieden in der Welt. Sogar für die Juden wäre es besser, wenn der Zionismus sein eigenes Ende erklären würde, denn er fördert und befördert nur den Antisemitismus. Womit ein

Klassiker reaktiviert wird: Am Antisemitismus sind nicht die Antisemiten, sondern die Juden schuld, die durch ihr Dasein und ihr Sosein ganz unvoreingenommene Menschen dazu bringen, antisemitische Gefühle zu entwickeln.

Was aber ist es, das einen Kommunalpolitiker aus Duisburg, einen Rentner aus Dortmund und eine Hausfrau aus dem hinteren Kandertal dazu bringt, einen wesentlichen Teil ihres Lebens mit der Palästina-Frage zu verbringen? Kampagnen, Unterschriftenaktionen und Sammlungen zu organisieren, gegen die Zionisten zu agitieren, die Israel-Lobby zu entlarven, sich für die Anerkennung der Hamas und der Hisbollah einzusetzen und Konferenzen zu veranstalten, die mit Appellen an die deutsche Bundeskanzlerin und den amerikanischen Präsidenten enden, den Palästinensern zu ihrem Recht zu verhelfen? Was ist es, das sie antreibt? Ein besonders hoch entwickelter Sinn für Gerechtigkeit und Menschenrechte? Dann würden sie sich für die Tibeter einsetzen, deren Land 1950 von den Chinesen überrannt wurde. Aber Tibet ist für sie kein Thema. Auch nicht der Aufstand in Syrien, der innerhalb weniger Monate über 5.000 Menschen das Leben gekostet hat. Denn weder in Tibet noch in Syrien ist irgendeine »zionistische« Verwicklung erkennbar. Und auch die deutsche Enthaltung in der Libyen-Frage lässt sich mit den Prinzipien einer an den Menschenrechten orientierten Politik nicht vereinbaren.

So muss man vermuten, dass den Antizionisten auch die Palästinenser egal sind, dass sie nur als Alibi und Ausrede benutzt werden, um Israel auf der Anklagebank halten zu können. Als bei den internen Auseinandersetzungen zwischen der Hamas und der Fatah erst Fatah-Leute von den Hamas-Leuten und dann Hamas-Leute von den Fatah-Leuten massakriert wurden, hüllten sich die deutschen Palästinafreunde in vernehmbares Schweigen. Zu Brutalitäten Stellung zu beziehen, die von der einen Palästinserfraktion an der anderen begangen werden, ist ihre Aufgabe nicht. Die Antizionisten vom Dienst wachen erst auf, wenn Israel ins Spiel kommt. Dann chartern sie Schiffe, laden sie mit alten Sachen voll und segeln nach Gaza, um die Welt auf die Not der Palästinenser aufmerksam zu machen.

Es gibt zum Antizionismus nur eine Parallele: den Antiamerikanismus. Der ist sogar noch älter, er entstand schon Anfang des 19. Jahrhunderts zur Zeit der deutschen Romantik. Der Begründer des intellektuellen Antiamerikanismus, der österreichische Dichter Nikolaus Lenau, wanderte 1832 in die USA aus, um dort, wie viele Europäer, ein neues Leben anzufangen. Nachdem er als Geschäftsmann und Farmer gescheitert war, kehrte er nach nur einem Jahr nach Europa zurück, um fortan den Materialismus der Amerikaner anzuprangern und den Mangel an Kultur in den »Verschweinten Staaten« zu beklagen. Seine anfängliche Amerika-Begeisterung war in blanken Hass umgeschlagen. »Das scheint mir von ernster, tiefer Bedeutung zu sein, dass Amerika keine Nachtigall hat«, schrieb er aus den USA in die alte Heimat.

Seitdem wartet das deutsche Feuilleton darauf, dass die USA kollabieren. Die Lieblingsthemen der deutschen USA-Korrespondenten sind Armut, Gewalt, Korruption – und »der tägliche Faschismus« in den USA. So hieß auch ein Buch, das Reinhard Lettau, Deutscher mit amerikanischem Pass und Mitglied der »Gruppe 47«, im Jahre 1971 veröffentlichte. Die »Evidenz aus sechs Monaten« war das Ergebnis intensiver Zeitungslektüre, eine Nachrichten-Collage über Amtsmissbrauch und Behördenwillkür, der Lettau den Titel » Täglicher Faschismus« gab, um darauf hinzuweisen, »dass die Indizien für den herannahenden Faschismus sich täglich und immer schneller verstärken – dass für seine Opfer die Unterschiede zwischen dem täglichen, inzipienten amerikanischen Faschismus und dem offenen, erklärten Faschismus nicht existieren«.

Nur vier Jahre zuvor, 1967, war Hans Magnus Enzensberger zu einem Studienaufenthalt an einer amerikanischen Universität aufgebrochen, den er aber bald für beendet erklärte, um stattdessen nach Kuba zu fahren. Er begründete diesen Schritt in einem »offenen Brief«, der in der »Zeit« zu lesen war: »Ich halte die Klasse, welche in den Vereinigten Staaten von Amerika an der Herrschaft ist, und die Regierung, welche die Geschäfte dieser Klasse führt, für gemeingefährlich... Ihr Ziel ist die politische, ökonomische und militärische Weltherrschaft.«

Enzensberger hat seine Ansichten über die USA mittlerweile gründlich geändert, das deutsche Feuilleton aber pflegt die Tradition des Antiamerikanismus weiter. Allerdings wird die Aufgabe inzwischen gerne an »kritische Amerikaner« wie Noam Chomsky oder Michael Moore outgesourced, die ihre Glaubwürdigkeit und Kompetenz nicht erst beweisen müssen.

Antiamerikanismus und Antizionismus gehören zusammen wie Pech und Schwefel. Man wird keinen Antiamerikaner finden, der nicht zugleich ein Antizionist wäre, umgekehrt ist es genauso. Konsequenterweise gilt Israel als der »Brückenkopf der USA« im Nahen Osten, während in den USA die Zionisten das Sagen haben. Der »große« und der »kleine« Satan arbeiten zusammen, um die Völker der Welt zu unterjochen.

Der Antizionismus geriert sich als politische Philosophie, ist aber in Wirklichkeit eine Flucht aus der Mausefalle der Geschichte. Wenn die Palästinenser die Juden von heute sind und wenn die »Islamophobie« den Antisemitismus ersetzt hat, dann muss man sich mit den Palästinensern solidarisieren und die »Islamophobie« bekämpfen, wenn man besser als die eigenen Eltern und Großeltern sein will.

Das ist aber noch nicht alles, was in der Wundertüte des Antizionismus steckt. Stellen wir uns kurz das Undenkbare vor: Ahmadinedschad beschließt eines Tages, die friedliche Nutzung der Kernkraft zugunsten einer militärischen Option aufzugeben und die erste »selbst gebaute« Atombombe über Israel auszuprobieren. Die Antizionisten wären darüber nicht begeistert, denn der atomare Fallout würde auch über Jericho und Ramallah niedergehen – aber auch nicht allzu traurig. Wie schon zur Zeit des Golfkrieges von 1991, als irakische Scud-Raketen in Tel Aviv einschlugen, könnten sie auch diesmal Israel die Schuld geben, weil es mit seiner Politik gegenüber den Palästinensern diese Katastrophe heraufbeschworen habe. Damals erklärte der Sprecher der Grünen, Hans-Christian Ströbele: »Die irakischen Raketenangriffe auf Israel sind die logische, fast zwingende Konsequenz der Politik Israels.«

Das offizielle Europa würde sich, wie Deutschland im

Jom-Kippur-Krieg 1973, für neutral erklären, allerdings auch versichern, eine »Neutralität der Herzen« könne es nicht geben, und den Überlebenden »humanitäre Hilfe« in Form von Zelten und Trinkwasseraufbereitungsanlagen anbieten. Lea Rosh und ihre Freunde würden sofort eine Bürgerinitiative für ein »Mahnmal zur Erinnerung an den jüdischen Staat im Nahen Osten« gründen, das auf dem Gelände der nunmehr nicht mehr benötigten israelischen Botschaft in Berlin entstehen sollte. Das Beste aber wäre: Im Dunst der atomaren Endlösung der Nahostfrage würde der von den Nazis organisierte Holocaust mitsamt den Schuldgefühlen den Juden gegenüber im Abgrund der Geschichte verschwinden. Über eine Katastrophe kommt man nur hinweg, indem man eine noch größere Katastrophe inszeniert.

Das ist die Substanz der antizionistischen Anstrengungen, ob sie den Protagonisten bewusst ist oder nicht: Sie nehmen die Vernichtung Israels als Preis für ihren inneren Frieden in Kauf. So denkt es in ihnen.

GUPS

GAZA 08/09

Die Klagemauer von Köln
oder: Gute Juden, böse Juden

Es ist Zeit für eine Klarstellung: Nicht jeder Deutsche ist
ein Antisemit. Wahrscheinlich nicht einmal jeder zweite.
Schlimmstenfalls jeder dritte, was immerhin bedeuten
würde, dass zwei von drei Deutschen keine Antisemiten
sind. So wie bei den letzten einigermaßen freien Wahlen
zum Reichstag 1932 jeder dritte Wähler seine Stimme der
NSDAP gab. Die Nazis waren eine Minderheit, die nur deswegen die Macht ergreifen konnte, weil die Mehrheit ihr
das Feld überließ. Deswegen sind Zahlen für die Beurteilung des sozialen Klimas nicht allein entscheidend.

Es gibt keinen Ur-Meter, mit dem man Antisemitismus messen könnte, und keinen Lackmustest für Antisemiten. In den einschlägigen Untersuchungen ist immer von 20 bis 30 Prozent die Rede, wobei zwischen »latenten« und »manifesten« Antisemiten unterschieden wird. Ich habe solchen Untersuchungen immer misstraut. Ist jemand ein »latenter« Antisemit, der Juden umbringen möchte, und ein »manifester«, der es schon getan hat? Es kommt natürlich auch auf die Fragestellung an. Eine Standardfrage lautet: Glauben Sie, dass die Juden zu viel Einfluss haben? Wer sie mit »Ja« beantwortet, hat sich als Antisemit geoutet. Was aber, wenn einer »Nein« sagt und »eher zu wenig« hinzufügt? Ist er dann ein Philosemit oder wollte er den Interviewer nur reinlegen? Es gibt überzeugte Antisemiten und Gelegenheitsantisemiten, degenerierte und promovierte, habituelle und intellektuelle. »Der Antisemitismus ist das ›Gerücht über die Juden‹«, sagt Adorno. »Antisemitismus ist der Sozialismus der dummen Kerls«, soll Bebel gesagt haben. »Antisemitismus ist, wenn man die Juden noch weniger leiden kann, als es normal ist«, witzeln die Amerikaner. Wer »Gefilte Fisch« nicht mag, Klezmer-Musik nicht erträgt und nur ungern mit der El Al fliegt, ist deswegen noch lange kein Antisemit. Wer aber bei »Spekulanten« sauber zwischen jüdischen und allen anderen unterscheidet, wer alle Berichte über Bernie Madoff gesammelt hat und überzeugt ist, dass in den Twin Towers keine Juden ums Leben gekommen sind, weil sie rechtzeitig gewarnt wurden, der ist nicht mehr über jeden Verdacht erhaben.

Und wer auf einem »Free Gaza«-Schiff anheuert, um den Not leidenden Palästinensern abgelaufene Medikamente und altes Kinderspielzeug zu bringen, während ihm das, was in Libyen, Syrien und Ägypten passiert, am Gemüt vorbeigeht, der ist kein »Israelkritiker« auf humanitärer Mission, sondern ein ganz gewöhnlicher Antisemit, dessen »Gewissen« nur dann anschlägt, wenn er sich über Juden empören kann.

Es ist also ziemlich einfach: Ein Antisemit hat eine negative Liebesaffäre mit Juden. Er setzt ihnen nach, sucht ihre Nähe, wie ein Vampir, der sich im Schutz der Dunkelheit an seine Opfer heranschleicht. Die Tarnung des Antisemiten ist sein Mitgefühl für die Palästinenser, aber nur für diejenigen, die von den Zionisten drangsaliert werden. Das Wenige, das ihm an Empathie übrig bleibt, widmet er toten Juden. Unter den deutschen Aktivisten auf der »Mavi Marmara«, die Ende Mai 2010 von der israelischen Marine vor Gaza aufgebracht wurde, war auch ein deutscher Politiker, Norman Paech von der Linkspartei, Mitglied im »Auschwitz Komitee«, das sich dem Andenken der ermordeten Juden widmet. Nachdem er aus Israel abgeschoben worden war, präsentierte er sich bei seiner Heimkehr wie ein Überlebender und behauptete, »deportiert« worden zu sein. Deportiert. Weniger war nicht drin. Als Opfer der Zionisten hatte er mit den Juden gleichgezogen, derer er im »Auschwitz Komitee« gedachte.

Wie man Auschwitz und Gaza auf einen Nenner bringen kann, demonstrierte ein anderer »Israelkritiker« mit diesen Sätzen: »Die Verbrechen an den Juden haben ein Recht auf einen angemessenen Platz in der Geschichte. Sie haben ein Recht darauf, dass man an sie denkt und sich ihrer als Warnung erinnert – auch als Warnung vor Verbrechen der Juden. Denn sonst wäre das Opfer Millionen jüdischer Menschen völlig umsonst gewesen.«

Das ist deutsche Erinnerungskultur im Hardcore-Format: Die Verbrechen an den Juden als Warnung vor den Verbrechen der Juden. Geschafft! Es steht eins zu eins. Bald wird es heißen: Wer über Gaza nicht reden will, der soll von Auschwitz schweigen.

Und wer in Köln mit dem Zug ankommt und den Hauptbahnhof durch den Vorderausgang verlässt, der ahnt nicht, dass ihn gleich eine »Installation« erwartet, die wie eine verspätete Ausgabe des »Stürmer« anmutet. Der Bahnhofsplatz ist schon eine Weile verkehrsberuhigt. Der Umbau hat lange gedauert. Etwa so lange, wie die Chinesen brauchen, um einen Großflughafen aus dem Boden zu stampfen. Die Kölner sind sehr stolz auf ihren neuen Hauptbahnhof, aber das kommt vor allem daher, weil die meisten von ihnen noch nie in Leipzig, Dresden oder Uelzen waren. Links vom Bahnhof steht der Kölner Dom, das Beste, was die Stadt zu bieten hat, von solchen Delikatessen wie dem »Halven Hahn«, »Kölschen Kaviar« und »Himmel un Äd met jebroder Flönz« mal abgesehen. Über eine steile Treppe kommt man auf die Domplatte. Hier haben es die Skater auf die Fußgänger abgesehen. Bevor man weitergeht, sollte man wenigstens das Gebet aufsagen, das jeder Kölner spricht, bevor er in die U-Bahn steigt: »Et kütt wie et kütt, un et hätt noch immer jot jejange.«

Dort, wo die Domplatte endet und die Fußgängerzone mit Lacoste, Louis Vuitton, Esprit, 4711, Aigner, Starbucks und Merzenich beginnt, stehen zwei Männer im lässigen Verwahrlostenlook und halten zwei Plakate in die Höhe.

Auf dem einen steht: »Israel's aggressive Besatzungs- & Siedlungs-Politik ist das Problem! Warum greift die UN nicht ein?« Auf dem anderen: »Landraub, Massaker, Vertreibung: Wie die USA mit den Indianern, so Israel mit den Palästinensern.« Der Mann zur Rechten heißt Walter Herrmann, ist 72 Jahre alt und soll mal als Lehrer an einer Volksschule gearbeitet haben. Ende der achtziger Jahre wechselte er den Beruf und wurde politischer Aktivist. Nachdem er seine Wohnung durch Zwangsräumung verloren hatte, richtete er an einer belebten Kreuzung in der Innenstadt eine »Klagemauer zur Wohnungsnot« ein. Während des Golfkrieges 1991 verlegte Herrmann seine Protestaktion auf die Domplatte und benannte sie um: »Klagemauer für den Frieden«. 1998 wurde ihm der »Aachener Friedenspreis« verliehen. Im Sommer 2004 rückte er die Lage in Palästina in den Mittelpunkt seiner Aktivitäten. Seitdem sprechen die Kölner von einer »Palästinawand«. Denn Herrmann ergreift eindeutig Partei, für die Palästinenser und gegen die Israelis, denen er Völkermord an den Palästinensern vorwirft, die unter der israelischen Besatzung so leiden müssten wie die Juden unter den Nazis.

Seitdem ist die »Kölner Klagemauer«, wie die Installation auch genannt wird, zu einem Politikum geworden. Was in Köln so viel bedeutet, dass die einen »Jede Jeck is anders« sagen und die anderen staunen: »Dat der dat darf!« Walter Herrmann selbst hält sich an das Sprichwort: »Do kanns mich krützwies am Aasch lecke!« Jeden Tag kommt er auf seinem Fahrrad mit Anhänger zur Domplatte geradelt, baut die mobile »Klagemauer« auf und bezieht Stellung.

Abends, wenn es dunkel wird, baut er das Ganze wieder ab und radelt heim, wohin auch immer. Bei schlechtem Wetter bleibt er zu Hause und »aktualisiert« sein Werk. Im Januar 2010 fand er in einer Zeitschrift ein Foto, das er sofort kopierte, vergrößerte und in die »Klagemauer« einbaute. Auf dem Bild ist eine korpulente, aber kopflose Gestalt zu sehen, die sich daranmacht, ein auf einem Teller vor ihr liegendes Kind mit Messer und Gabel zu zerstückeln. Auf dem Messer steht das Wort »GAZA«, neben dem Teller ein mit roter Flüssigkeit – Blut? – gefülltes Glas; die Gestalt trägt ein Lätzchen um den Hals, auf dem ein Davidstern prangt.

Man muss nicht Abonnent des »Stürmer« gewesen sein, um zu erkennen, von welchem Geist diese Zeichnung inspiriert worden ist. Sie ist so eindeutig antisemitisch, wie das Kölsch obergärig ist. »Ich bin nicht der Meinung, dass Antisemitismus durch das Recht auf Meinungsfreiheit gedeckt ist«, sagt Gerd Buurmann. 1976 im Emsland geboren, hat er Soziologie, Philosophie und Literaturwissenschaft studiert. Seit 2001 lebt er als Theaterleiter und Schauspieler in Köln. Eines Tages zu Beginn des Jahres 2010 ging Buurmann mit seiner Frau am Dom spazieren. Das Paar blieb an der »Klagemauer« stehen. Buurmann sah das Gaza-Bild, zog sein Handy aus der Manteltasche und wählte 110. »Für mich war das ein Notfall.«

Minuten später waren zwei Polizisten da. Ein wenig widerwillig schrieben sie eine Anzeige wegen Volksverhetzung auf. Die Staatsanwaltschaft nahm sich der Sache an, prüfte und kam im April zu dem Ergebnis, der Tatbestand der Volksverhetzung sei nicht erfüllt. Es werde »nicht verkannt«, teilte der ermittelnde Staatsanwalt dem Anzeigenerstatter Buurmann mit, dass das Plakat »schmerzliche Erinnerungen an die antijüdischen Ritualmordlegenden aus dem Mittelalter und an hetzerische Bilddarstellungen von Juden aus der Zeit des Nationalsozialismus wachrufen kann«, aber es fehle ihm »an bestimmten anatomischen Stereotypen, die den Juden schlechthin charakterisieren sollen«, unter anderem an der »Krummnase«. Der Bescheid der Staatsanwaltschaft ergänzt die Zeichnung in kongenialer Weise. Wo keine »Krummnase« zu sehen ist, kann es auch keinen Antisemitismus geben. Die Karikatur sei zwar »israelfeindlich, aber nicht antisemitisch«.

Der Kölner Hausfrau Monika Schmitz, die ebenfalls Anzeige erstattet hatte, teilte die Staatsanwaltschaft mit, sie sei überhaupt nicht »strafantragsberechtigt«, da sie weder Jüdin noch Israelin sei. Womit die Staatsanwaltschaft klar ihre Ansicht zum Ausdruck brachte, nur Juden und Israelis könnten sich von antisemitischen Darstellungen beleidigt fühlen, nicht aber ganz normale Deutsche wie Herr Buurmann oder Frau Schmitz. Eine Beschwerde gegen die Einstellung der Verfahren wurde vom Kölner Generalstaatsanwalt mit einer Begründung zurückgewiesen, die noch einen Zacken schärfer war. Es sei »nicht zu verkennen, dass sich Antisemitismus moderner Prägung auch gegen den Staat Israel, verstanden als jüdisches Kollektiv, richten und vordergründig als antizionistische Kritik ausgeben kann«. Auch habe »der Beschuldigte… auf ein klassisch antisemitisches Stereotyp zurückgegriffen«. Jedoch: »Die Verwendung einer bewusst an antisemitische Bilddarstellung angelehnten Bildsprache allein vermag eine Strafbarkeit nicht zu begründen, wenn das Bild – wie hier – verfremdet worden ist und im Kontext mit anderen Darstellungen für den objektiven Beobachter einen anderen möglichen Bedeutungsgehalt erhält.«

Der Skandal, hat Karl Kraus gesagt, »fängt da an, wo die Polizei ihm ein Ende macht«. In diesem Fall war es die Kölner Staatsanwaltschaft, die Walter Herrmann einen Persilschein ausstellte. Der wiederum zeigte sich in Maßen kooperativ, indem er das Gaza-Bild von der »Klagemauer« entfernte, quasi als eine Goodwill-Geste. Alles Übrige blieb, wo es war, ein Reigen antisemitischer Parolen im Mantel antizionistischer Kritik: »Den Zionisten geht es nicht um FRIEDEN, sondern um UNTERWERFUNG der Palästinenser unter ihr DIKTAT!« – »Wie viele Jahrhunderte will das israelische Volk noch unsere ›Eine Welt‹ erpressen?« – »Der Holocaust verpflichtet uns, nicht wieder schweigend zuzuschauen.« – »Die Zionisten versuchen durch Medienpolitik den Islam in der ganzen Welt schlecht aussehen zu lassen.« – »Hitler ist Vergangenheit. Aber Israel ist Gegenwart. Nicht noch einmal.«

Obwohl die Sache auf dem juristischen Abstellgleis gelandet war, wurde sie der Stadt und ihrem Oberbürgermeister zunehmend peinlich. Die Domplatte ist immerhin die Visitenkarte der Stadt, täglich kommen Tausende von Touristen, die den Eindruck gewinnen könnten, man müsse in Köln nur »Jude« durch »Zionist« ersetzen, um den antisemitischen Schweinehund von der Leine lassen zu dürfen. Anfang Juli meldete der »Kölner Express«: »Roters geht gegen ›Klagemauer‹ vor«. Der OB habe die »antisemitischen Botschaften« als »unerträglich und nicht tolerierbar« bezeichnet und angekündigt, »zur Abstimmung weiterer Maßnahmen einen Runden Tisch mit Spitzen von

Stadt, Politik, Polizei, Justiz, Kirchen und Synagogengemeinde« einzuberufen.

Das war echt »Made in Cologne«: Wenn man lange genug nichts tut und dann »weitere Maßnahmen« ankündigt, dann sieht das nach wilder Betriebsamkeit aus. Tatsächlich hat der Runde Tisch im Sommer 2010 »zweimal getagt«, sagt Gregor Timmer, der Pressesprecher des Oberbürgermeisters. Die einzige »weitere Maßnahme«, die dabei beraten und beschlossen wurde, sei eine »Resolution« gewesen. Diese ist dann tatsächlich zustande gekommen und am 17. Dezember 2010 vom Amt für Presse- und Öffentlichkeitsarbeit bekannt gemacht worden. Darin heißt es unter anderem, »Kölner Bürgerinnen und Bürger« wollten »die Vorgehensweise von Walter Herrmann, dem Betreiber der sogenannten ›Kölner Klagemauer‹, nicht länger hinnehmen« und forderten ihn deswegen auf, »alle menschen- und völkerverachtenden Installationen umgehend zu entfernen... und künftig auf solche zu verzichten«.

Dass die Resolution just an dem Tag publik wurde, an dem OB Roters Tel Aviv besuchte, um die Partnerschaft zwischen den beiden Städten aufzufrischen, sei, versichert Timmer, »reiner Zufall« gewesen. Allerdings, räumt der Pressesprecher des Oberbürgermeisters ein, habe es »im Vorfeld der Reise« einige Berichte in den israelischen Medien gegeben, die den Kölnern sauer aufgestoßen seien. Deswegen habe der Kölner OB seinem Tel Aviver Kollegen die Resolution »zur Kenntnis gebracht«. Auch das war original Eau de Cologne: Der Kölsche OB verabschiedet eine Resolution gegen sich selbst und gibt damit im Ausland an. Daheim passiert derweil nix. »Uns sind die Hände gebunden«, erklärt Timmer die missliche Lage, »wir haben es mit einem Konflikt zwischen Demonstrationsrecht und Ordnungsrecht zu tun.« Die Polizei habe die »Klagemauer« als eine »Dauerdemo« unter bestimmten Auflagen genehmigt. Die Stadt könne allenfalls »ordnungsrechtlich« eingreifen und sagen: »Herr Herrmann, Sie stehen so ungünstig, dass Sie Rettungswege blockieren. Dann zieht er eben drei Meter weiter.« Herrmann habe »diese Lücke erkannt« und verstehe es, sie zu seinen Gunsten zu nutzen. »Er hat viel Erfahrung im Demonstrieren.«

Aber das ist noch nicht alles, worauf sich Walter Herrmann verlassen kann. »Er hat auch Unterstützer, die im Hintergrund agieren, vielschichtig und weit verzweigt. Die versorgen ihn mit Geld, geben ihm Obdach«, weiß Timmer. Es seien »alte Idealisten«, ein »Arbeiterpfarrer« aus Vingst, Leute aus den Medien und »alternativen Projekten«, wie der Kölner »Feuerwache«, die Herrmann als Anlaufstelle nutzt. Der Verein »Aachener Friedenspreis« hat einen »offenen Brief« an OB Roters geschrieben, in dem es unter anderem heißt: »Die Klagemauer ist ein Angebot zur politischen Bewusstseinsbildung für Kölner Bürger und Reisende aus aller Welt.« Und: »Was der Marktplatz im alten Athen für Sokrates bedeutete, bedeutet für Walter Herrmann die Domplatte.«

Dazu muss man wissen: Der Aachener Friedenspreis e.V. ist keine Vereinigung grün-alternativer Tofu-Feinschmecker, sondern eine richtige Sammelbewegung, der neben vielen Privatpersonen über 50 Institutionen und Organisationen angehören, darunter die Stadt Aachen, der DGB, Missio und Misereor, der Diözesanrat der Katholiken im

Bistum Aachen, der evangelische Kirchenkreis, die SPD, die Grünen und die Linkspartei. Eine breiter aufgestellte Volksfront für den Frieden kann man sich kaum vorstellen.

Der Pressesprecher des Kölner OB meint, der Stadt seien die Hände gebunden. »Wenn wir die Möglichkeit hätten, würden wir Herrn Herrmann einen anderen Ort anbieten.« Einen Platz, wo der Demo-Profi von seinem Recht auf Demonstrationsfreiheit Gebrauch machen könnte, ohne dem Ruf der Stadt zu schaden. Denn: »Ein demokratischer Staat muss einen Walter Herrmann aushalten.« Fragt sich nur, wo.

Aber Herrmann denkt nicht daran, die Stellung auf der Domplatte zu räumen. Seit über 20 Jahren ist er im Einsatz. Für die Obdachlosen, gegen die Atombombe, für die Palästinenser. Die Frage, wovon er lebt, beantwortet er kurz und mit einem Lächeln: »Ich war mal Lehrer.« Er hat weder ein Telefon noch ein Handy. Am Lenkrad seines Fahrrads baumeln ein paar PLUS-Taschen aus Jute. Längst ist ihm ein Platz in der Hall of Fame der kölschen Originale sicher: Tünnes und Schäl, Klaus der Geiger, die Bläck Fööss, Walter Herrmann. Und im Hintergrund wirkt ein Anwalt, »der noch nie einen Cent von mir bekommen hat«. Vier Jahre lang führte er einen Prozess gegen das Land Berlin. Verfügungsverfahren, Hauptsacheverfahren, dann eine »Sprungrevision« zum Bundesverwaltungsgericht in Leipzig. Das erklärte Herrmann im August 2007 zum Sieger. Es ging um eine »Versammlung« in Berlin, »aber das Urteil hat bundesweite Wirkung«, sagt Herrmann.

Der Antisemitismus ist nicht nur der »Sozialismus der dummen Kerls« und ein »Gerücht über die Juden«, er ist auch das Kleingeld der armen Schweine, das Feuerchen, an dem sich jeder Unbehauste wärmen kann. Keine Sau würde sich für Walter Herrmann interessieren, wenn er die Zustände in Weißrussland oder die Nöte der Kopten in Ägypten zu seinem Lebensinhalt gemacht hätte, aber das, was Israel mit den Palästinensern anstellt, ist so nah am Holocaust dran, dass wir »nicht wieder schweigend zuschauen« können, denn: »Hitler ist Vergangenheit. Aber Israel ist Gegenwart. Nicht noch einmal.«

Unabhängig von der Frage, ob die »Klagemauer« den Tatbestand der Volksverhetzung erfüllt oder als »Kunstwerk« den Schutz des Artikels 5 des Grundgesetzes genießt, mutet es doch recht seltsam an, dass nach Ansicht der Kölner Staatsanwaltschaft ein Nichtjude kein Recht hat, sich über antisemitische Darstellungen zu beschweren, dass der Kölner OB in Tel Aviv eine »Resolution« verkündet, die nur von seinem Unwillen zeugt, daheim tätig zu werden, dass das Ordnungsamt sehr wohl in der Lage ist, Nutten aus der Innenstadt zu verbannen und ambulante Händler von der Domplatte fernzuhalten, aber kein Mittel gegen eine antisemitische Dauerdemo findet, die dem Ruf der Stadt schaden könnte. Wer das alles als gegeben hinnimmt, der schließt auch einen Bausparvertrag mit dem Osterhasen ab.

Mittlerweile ist Walter Herrmann nicht nur in Köln weltberühmt, auch außerhalb der Grenzen der Domstadt wird über ihn berichtet. Allerdings: So wie die Kölner ticken, könnte gerade das ein Grund sein, ihn weitermachen zu lassen, denn die viel gerühmte kölsche Toleranz gilt Juden wie Antisemiten gleichermaßen.

Im Juli 2011 beschloss der Kölner Stadtrat, auf dem Platz vor dem alten Rathaus mitten im Zentrum der Stadt ein jüdisches Museum zu bauen. Zuvor war dort bei archäologischen Arbeiten ein mittelalterliches Judenviertel gefunden worden – mit allem, was dazugehört: Synagoge, Mikwe und Metzgerei. »Die Erde tat sich auf und gab ein Wunder frei«, jubelte der Reporter der dpa. Die jüdische Gemeinde in Köln gilt als die älteste nördlich der Alpen, angeblich sollen die Juden mit den Römern ins Rheintal gekommen sein. Dass die Stadt Köln sie jetzt mit einem Museum ehren möchte, ist kein Ausdruck von Dankbarkeit oder Sentimentalität. Die Kölner, schrieb die dpa, hätten »das touristische Potenzial ihrer Historie erkannt« und wollten es mit Prag und Amsterdam aufnehmen, wo es schon lange jüdische Museen gebe, die jedes Jahr viele hunderttausend Besucher anzögen.

Der Rathausplatz liegt nur drei Fußminuten von der Domplatte entfernt. So werden die Besucher des jüdischen Museums nur wenige Meter gehen müssen, um von den Juden des Mittelalters bei den Israelis der Gegenwart anzukommen, die unsere »Eine Welt« seit Jahrhunderten »erpressen«.

Das Museum soll übrigens über 50 Millionen Euro kosten, von denen die Stadt Köln etwa 37 Millionen übernehmen wird. Köln ist zwar pleite, aber die Stadträte werden sich schon etwas einfallen lassen. Denn es geht um tote Juden. Und das sind die Guten.

Für eine Welt ohne Zionismus!

Am 15. März 2008, also vor ziemlich genau vier Jahren, erschien in der »Süddeutschen Zeitung« ein Artikel von Katajun Amirpur, einer in Köln lebenden Islamwissenschaftlerin, die als Kennerin und Kritikerin der Zustände im Iran gilt. In dem Beitrag »Der iranische Schlüsselsatz« ging es um ein »umstrittenes Zitat« von Mahmud Ahmadinedschad. Gleich zu Anfang ihres Artikels stellte Frau Amirpur klar: »Kein Satz wird so häufig mit dem amtierenden Präsidenten Irans… assoziiert wie dieser: Israel muss von der Landkarte radiert werden. Das Problem ist nur – er hat diesen Satz nie gesagt. Ahmadinedschad hat die

Worte für ›map‹ und ›wipe off‹ nie benutzt. Die persische Originalversion von Ahmadinedschads Äußerungen über Israel ist weit weniger martialisch als die Übersetzung, die verschiedene Agenturen verbreitet haben und die wiederum auf der englischen Übersetzung des persischen Originals beruht.«

Damit war eigentlich alles gesagt, was gesagt werden musste. Weil Frau Amirpur aber keine Journalistin, sondern eine Wissenschaftlerin ist, die den Dingen auf den Grund geht, beließ sie es nicht bei der Richtigstellung – »Die persische Originalversion... ist weit weniger martialisch als die Übersetzung« –, sie nahm sich die ganze Causa vor. »Was also ist passiert?«, fragte sie und antwortete sogleich: »Am 26.10.2005 sprach Ahmadinedschad auf einer Konferenz, die unter dem Motto stand ›Die Welt ohne Zionismus‹. Es waren im Wesentlichen die großen westlichen Nachrichtenagenturen, die die Übersetzung dieser Passage lieferten: Israel von der Landkarte radieren (AFP), Israel von der Landkarte tilgen (AP, Reuters), Israel ausrotten (DPA). Ahmadinedschad sagte jedoch wörtlich: ›in rezhim-e eshghalgar bayad az safhe-ye ruzgar mahv shavad‹«.

Vor allem der letzte Satz machte dem umfassend gebildeten SZ-Leser, der Farsi als zweite Fremdsprache in der Schule hatte, deutlich, dass der iranische Präsident in seiner Ansprache auf einer Konferenz über eine »Welt ohne Zionismus« etwas ganz anderes gesagt hatte, als ihm von den großen westlichen Agenturen unterstellt wurde. Nämlich nicht, dass Israel von der Landkarte getilgt werden sollte, sondern: »in rezhim-e eshghalgar bayad az safhe-ye ruzgar mahv shavad«, was auf Farsi überhaupt nicht so martialisch klingt, wie es die Übersetzung suggeriert. Es bedeutet nämlich, so Frau Amirpur: »›Dieses Besatzerregime muss von den Seiten der Geschichte (wörtlich: Zeiten) verschwinden.‹ Oder, weniger blumig ausgedrückt: ›Das Besatzerregime muss Geschichte werden.‹ Das ist keine Aufforderung zum Vernichtungskrieg, sondern die Aufforderung, die Besatzung Jerusalems zu beenden.«

Nun ist Farsi nicht nur eine sehr weiche und sehr melodische Sprache, sondern auch reich an Metaphern, weswegen sogar Frau Amirpur, die fließend Farsi spricht, gleich drei Optionen anbot, was Ahmadinedschad gesagt hatte bzw. gemeint haben könnte. In jedem Fall war seine Rede eine »Aufforderung, die Besatzung Jerusalems zu beenden« und »keine Aufforderung zum Vernichtungskrieg«.

Wirklich? Soll nur das annektierte Ost-Jerusalem »befreit« werden? Alle anderen besetzten Gebiete dürfen bei Israel bleiben? Nablus und Jericho? Bethlehem und Ramallah? Hebron und Jenin? Freilich: Wer auch nur eine Rede von Ahmadinedschad über »Jerusalem« im Original gehört oder in der amtlichen Übersetzung, die von der staatlichen iranischen Nachrichtenagentur ISNA verbreitet wird, gelesen hat, der hat keine Zweifel, was Ahmadinedschad im Sinn hat, wenn er dazu »auffordert«, die Besatzung Jerusalems zu beenden: das ganze »zionistische Gebilde«, dessen Namen Ahmadinedschad nicht einmal in den Mund nimmt.

Der iranische Präsident ist ein ehrlicher Mann, er macht keinen Unterschied zwischen Haifa und Hebron, Rehovot und Ramallah, es geht ihm nicht um die Grenzen von 1948, 1967 oder 1973. »Jerusalem« ist für ihn nur ein Synonym für alle von den Zionisten besetzten Gebiete, er sagt »Jerusalem« und meint »Palästina«. Frau Amirpur aber, die es eigentlich wissen sollte, tut so, als ginge es Ahmadinedschad nur um Jerusalem, vielleicht auch nur um die heiligen Stätten der Moslems in der Altstadt. Dass er auf einer Konferenz zum Thema »Die Welt ohne Zionismus« sprach, macht sie nicht stutzig, weckt in ihr nicht den Verdacht, dass er nicht nur Jerusalem, sondern die ganze Welt von den Zionisten befreien möchte.

Dafür kann Frau Amirpur aber sehr sorgfältig zwischen transitiven und intransitiven Verben unterscheiden. »Eliminieren« sei transitiv, »verschwinden« dagegen intransitiv. Das erste meine »ein zielgerichtetes aktives Handeln«, das zweite eine »ungezielte passive Entwicklung«. Im Persischen, schreibt sie, sei »mahvshodan jedoch ein intransitives Verb, im Gegensatz zum transitiven eliminieren«.

»Eliminieren« versus »verschwinden«. Transitiv, zielgerichtet und aktiv gegen intransitiv, ungezielt und passiv. Schaut man sich unter diesem Gesichtspunkt die Reden von Goebbels an, wird man feststellen, dass er oft statt transitiver, zielgerichteter Formeln intransitive, ungezielte benutzte. So sagte er zum Beispiel im August 1941 in einer Ansprache: »Das öffentliche Leben in Berlin muss schleunigst von ihnen [den Juden] gereinigt werden ... Berlin muss eine judenreine Stadt werden ... Sie [die Juden] verderben nicht nur das Straßenbild, sondern auch die Stimmung.« Und so wie der iranische Präsident heute von »Jerusalem« spricht und Palästina meint, sprach der Propagandaminister damals von »Berlin«, meinte aber Deutschland und Europa und später die ganze Welt.

Wenn man also sorgfältig zwischen transitiven und intransitiven Verben unterscheide und darüber hinaus berücksichtige, dass Ahmadinedschad im Grunde nur einen alten Satz von Ayatollah Khomeini zitiert habe, dann, so Frau Amirpur in der SZ, werde »deutlich, dass Ahmadinedschad nicht die Auslöschung Israels forderte oder die Vernichtung des jüdischen Volkes, sondern einen Regimewechsel«.

Einen Regimewechsel! Neuwahlen in Jerusalem! Die Bildung einer Regierung der nationalen Einheit! Oder vielleicht doch lieber gleich die Übergabe der Stadtschlüssel an die Fatah und die Hamas?

Woran auch immer Frau Amirpur dachte, ihre Absicht war klar: die zahlreichen und wiederholten Drohungen des iranischen Präsidenten gegenüber Israel, dem »Krebsgeschwür«, das »aus dem Körper entfernt werden muss«, rein intransitiv natürlich, zu einem Übersetzungsfehler klein zu reden. Ahmadinedschad meine nicht das, was er sage, und er sage nicht das, was ihm in den Übersetzungen in den Mund gelegt werde. Es sei alles ganz anders, gar nicht so »martialisch«, wie es sich anhört.

In einer Rede vor der Vollversammlung der Vereinten Nationen im September 2009 sagte der iranische Präsident unter anderem auch Folgendes: »Es ist nicht länger akzeptabel, dass eine kleine Minderheit die Politik, Wirtschaft und Kultur großer Teile der Welt durch ihre komplizierten Netzwerke beherrscht und eine neue Form der Sklaverei betreibt.« Leider hat es Frau Amirpur versäumt, auch diese Rede von Ahmadinedschad auf ihre transitiven und intransitiven Elemente zu untersuchen. Bedeutet »Es ist nicht länger akzeptabel« ein »zielgerichtetes aktives Handeln« oder eher eine »ungezielte passive Entwicklung«?

So herum oder andersrum: Die Richtigstellung in der SZ war ein nachhaltiger Erfolg. Wer immer seitdem über das iranische Atomprogramm schreibt und auf die genozidalen Erklärungen des iranischen Regimes gegenüber Israel hinweist, der wird umgehend belehrt, Ahmadinedschad habe nie gesagt, dass Israel von der Landkarte ausradiert werden müsse, es handle sich vielmehr um einen »Übersetzungsfehler«, der von interessierter Seite produziert worden sei, um einen Angriff auf den Iran zu rechtfertigen. Frau Amirpurs Intervention hat das Verhältnis zwischen dem kleinen friedlichen Iran und dem großen kriegerischen Israel vom Kopf wieder auf die Füße gestellt: Es ist nicht der Iran, der Israel bedroht, sondern umgekehrt – Israel bedroht den Iran. Weshalb in der deutschen Friedensbewegung der Iran verteidigt und die »Entwaffnung« Israels gefordert wird.

Frau Amirpurs Vorstoß zur Ehrenrettung des iranischen Präsidenten wurde vor allem in der »israelkritischen« Szene dankbar begrüßt: Eine angesehene Islamwissenschaftlerin, die in einer renommierten Tageszeitung ein Medienmärchen richtigstellt! Allerdings: Die Vorarbeit war schon geleistet. Eine Kölner Gruppe mit dem anspruchsvollen Namen »Arbeiterfotografie« hatte sich bereits im Januar 2008 der Sache angenommen und eine Kampagne gestartet, deren Ziel Medien und Institutionen waren, die das »falsche« Zitat von Ahmadinedschad verbreitet hatten.

»Wir sind darauf aufmerksam geworden«, schrieben sie

an die Bundeszentrale für politische Bildung, »dass sich auf Ihrer Website ein Dossier zum Thema Antisemitismus befindet, das mit den Worten eingeleitet wird: ›Mit seiner Äußerung, Israel von der Landkarte tilgen zu wollen, sorgte Irans Präsident Mahmud Ahmadinedschad im Oktober 2005 weltweit für Empörung. Sein offener Hass gegen Israel und die Juden entlädt sich regelmäßig in Drohungen, Anfeindungen, in einer konsequenten Leugnung und Relativierung des Holocaust.‹« Dies, so die Kölner Arbeiterfotografen in ihrem offenen Brief an die Bundeszentrale für politische Bildung, könne man so nicht stehen lassen.

»Sie schreiben in Ihrem Text dem iranischen Präsidenten ein Zitat zu, das besagt, der Iran wolle Israel von der Landkarte tilgen. Wir haben uns intensiv mit der Quellenlage auseinandergesetzt und sind zu dem (vorläufigen) Ergebnis gekommen, dass diese Formulierung nicht dem entspricht, was er tatsächlich gesagt hat... Wir mögen in der Beurteilung übereinstimmen, dass der iranische Präsident seine Abscheu gegenüber Israel und dessen Politik gegenüber der palästinensischen Bevölkerung zum Ausdruck bringt. Was uns aber eindeutig falsch zu sein scheint, ist die Behauptung, er sei ein Judenhasser.«

Vier Wochen später, im Februar 2008, wandten sich die Arbeiterfotografen brieflich an den Petitionsausschuss des Deutschen Bundestages. Aus der Richtigstellung eines Tatbestandes war inzwischen eine Frage der nationalen Sicherheit geworden, eine Sorge, die das Tun und Lassen der Arbeiterfotografen ständig begleitet: »Die Bundeszentrale für politische Bildung verbreitet Auffassungen und Aussagen, die sie dem iranischen Präsidenten Ahmadinedschad zuschreibt, die dieser aber mit sehr großer Wahrscheinlichkeit (so) nicht teilt bzw. nicht geäußert hat und deren (falsche) Wiedergabe geeignet ist, das Feindbild Iran zu schüren, damit einem Krieg gegen dieses Land Vorschub zu leisten und so die Sicherheit der Bevölkerung der Bundesrepublik Deutschland zu gefährden.«

Weitere Schreiben gleichen Inhalts gingen an den stellvertretenden Präsidenten der Bundeszentrale für politische Bildung, an den Vorsitzenden und die Mitglieder des Kuratoriums der Bundeszentrale für politische Bildung, gefolgt von einer Beschwerde an den Petitionsausschuss des Bundestages über das Verhalten der Bundeszentrale für politische Bildung und einem weiteren Brief an die Bundeszentrale für politische Bildung, in dem »die Sachlage« definitiv und ultimativ zusammengefasst wurde: »Die Behauptung, Irans Ministerpräsident Mahmud Ahmadinedschad habe geäußert, er wolle Israel von der Landkarte tilgen – eine Behauptung, aus der eine militärische Bedrohung für Israel abgeleitet wird –, ist eindeutig falsch. Wir erwarten daher, dass Sie die Feindbild schürenden Behauptungen über Äußerungen und Behauptungen des iranischen Präsidenten richtigstellen, sich für die Falschdarstellung öffentlich entschuldigen und generell ihren Publikationen einen sachlichen und nicht kriegstreibend-aggressiven Charakter geben… In Anbetracht der weltpolitischen Wichtigkeit der Sache erwarten wir die umgehende Korrektur der Falschdarstellung sowie Ihre Stellungnahme, spätestens bis zum 15.4.2008.«

Spätestens an dieser Stelle hätten die Empfänger der Briefe merken müssen, dass sie es mit notorischen Querulanten zu tun haben, die jede Redaktion mit Beschwerden, Richtigstellungen und Drohungen zumüllen. Statt aber die Schreiben der »Arbeiterfotografie« mit einem fröhlichen »Fuck you!« zu beantworten oder gleich zu entsorgen, kam die Bundeszentrale auf Anordnung des Bundesinnenministers den »Petenten« entgegen und beauftragte den Sprachendienst des Deutschen Bundestages, sich die Rede von Ahmadinedschad aus dem Jahre 2005 anzuhören und das fragliche Zitat im Wortlaut wiederzugeben. Heraus kam dieser Satz: »Unser lieber Imam (Khomeini) sagte auch: Das Regime, das Jerusalem besetzt hält, muss aus den Annalen der Geschichte getilgt werden.«

Die Arbeiterfotografen waren zufrieden, aber nicht vollends befriedigt. Zwei von drei Fehlern seien zwar »bereinigt« worden, geblieben sei aber das transitiv-aktive »tilgen«, aus dem ein intransitiv-passives »verschwinden« hätte werden müssen, monierten sie.

Am 14. Mai 2008 brachte »Spiegel Online« im Kontext einer Bildstrecke eine Richtigstellung. Ahmadinedschad habe nicht gesagt: »Israel muss von der Landkarte getilgt werden«, sondern: »Das Besatzerregime muss Geschichte werden.« Auch die Nachrichtenagentur AP räumte einen »Fehler« ein und versprach, das »falsche« Zitat nicht weiter zu verbreiten. Der Intendant des ZDF, Markus Schächter, bedankte sich bei den Arbeiterfotografen »herzlich für Ihren Hinweis« und versicherte, »dass alle Kolleginnen und Kollegen über diesen Vorgang Kenntnis erhalten haben und die Übersetzung entsprechend berücksichtigen«.

Auch der Chefredakteur der Deutschen Presse-Agentur,

Wilm Herlyn, meldete Vollzug: »Die dpa wird in Zukunft bei der Berichterstattung darauf achten, dass der iranische Präsident, Mahmud Ahmadinedschad, nicht die Auslöschung Israels oder dessen Tilgung von der Landkarte gefordert hat.« Sprachlich war der Satz ein wenig verunglückt, weil nicht einmal eine so wichtige Institution wie die dpa »in Zukunft darauf achten« kann, was der iranische Präsident in der Vergangenheit nicht gefordert hat, aber auf solche Feinheiten kam es weder dem dpa-Chef noch den Arbeiterfotografen an.

Ende August 2008 knickte auch die Tagesschau ein. Auf ihrer Website war eine Erklärung »In eigener Sache« zu lesen: »Der iranische Präsident Ahmadinedschad hat nicht wörtlich die ›Tilgung Israels von der Landkarte‹ gefordert. Nach der Übersetzung des Sprachendienstes des Deutschen Bundestages sagte Ahmadinedschad: ›Das Regime, das Jerusalem besetzt hält, muss aus den Annalen der Geschichte gelöscht werden.‹«

Diese Epistel aus der Gegenwart verdient es, in einem atombombensicheren Bunker eingemauert zu werden, damit nachfolgende Generationen erfahren, was man im postnazistischen Deutschland »aus der Geschichte« gelernt hat. Dass man »Jüdinnen und Juden« sagen und darauf achten muss, nur Eier von freilaufenden Hühnern zu kaufen; nicht aber, dass Diktatoren ehrliche Menschen sind, die sagen, was sie vorhaben, auch wenn sie es manchmal etwas verquast formulieren. Die Nazis waren keine Massenmörder, bei ihnen stand nur die »Endlösung der Judenfrage« auf der Agenda.

Zwei Generationen später kommen ein paar deutsche

Nerds daher und starten eine PR-Aktion zugunsten der nächsten Endlösung, in deren Verlauf Israel »verschwinden« soll, ganz gewaltfrei und intransitiv-passiv. Sie finden mit ihrem Verlangen Gehör, auch bei renommierten Medien und angesehenen Institutionen wie der Bundeszentrale für politische Bildung, in deren Buchangebot man das Standardwerk der Erinnerungskultur findet: »Gedenkstätten für die Opfer des Nationalsozialismus«, zwei Bände mit über 1.500 Seiten. Sogar der arabische Sender »Al Jazeera« hatte weniger Hemmungen, das Kind beim Namen zu nennen als die Chefs von ZDF und dpa, AFP und Spiegel Online. »Ahmadinejad: Wipe Israel off map«, meldete »Al Jazeera« auf seiner Website am 26. Oktober 2005, und weiter: »Iranian President Mahmoud Ahmadinejad has openly called for Israel to be wiped off the map. ›The establishment of the Zionist regime was a move by the world oppressor against the Islamic world‹, the president told a conference in Tehran on Wednesday, entitled The World without Zionism. ›As the Imam said, Israel must be wiped off the map‹, said Ahmadinejad, referring to Iran's revolutionary leader Ayat Allah Khomeini.«

Frau Amirpur und den Kölner Arbeiterfotografen kommt das Verdienst zu, eine neue Disziplin kreiert zu haben: die proaktive Holocaust-Leugnung. Im Gegensatz zu der retroakiven, wie sie David Irving pflegt (»Auf dem Rücksitz von Senator Edward Kennedys Auto starben mehr Frauen als in den Gaskammern von Auschwitz«), handelt es sich nicht um einen Straftatbestand, es ist eher eine chiffrierte Vorhersage: Insider wissen, wie sie die Botschaft entziffern sollen, alle anderen werden transitiv/intransitiv an der Nase herumgeführt.

Schon möglich, dass Ahmadinedschad zu schlau ist, um sich vor den Karren seiner deutschen Helfer spannen zu lassen, dass er nur mit dem Säbel rasselt, wissend, dass eine glaubwürdige Drohkulisse dieselbe Wirkung entfaltet wie ein ausgeführter Terrorakt. Was aber, wenn er es doch ernst meint? Werden Frau Amirpur und die Arbeiterfotografen, der Intendant des ZDF und der Chef der dpa die Folgen tragen müssen oder – doch eher die Israelis (und die Palästinenser), die in der Reichweite iranischer Raketen leben?

Wenn man es weiß, ist es schon zu spät. Deshalb muss man mit dem Schlimmsten rechnen.

Noch im Mai 2011 nannte der iranische Präsident den Staat Israel »ein Krebsgeschwür, das sich im Körper ausbreitet« und »jede Region« infiziere. Es müsse »aus dem Körper entfernt werden«. Es war nicht die erste Äußerung

dieser Art, und es wird nicht die letzte bleiben. Ahmadinedschad hat begriffen, dass er sich nur intransitiv ausdrü-
cken muss, um keinen Verdacht zu erregen.

Auch der Führer hat nur dazu aufgerufen, die Welt von
den Juden zu befreien. Von Vernichtung war keine Rede.
So wie Ahmadinedschad sich heute eine »World without
Zionism« wünscht.

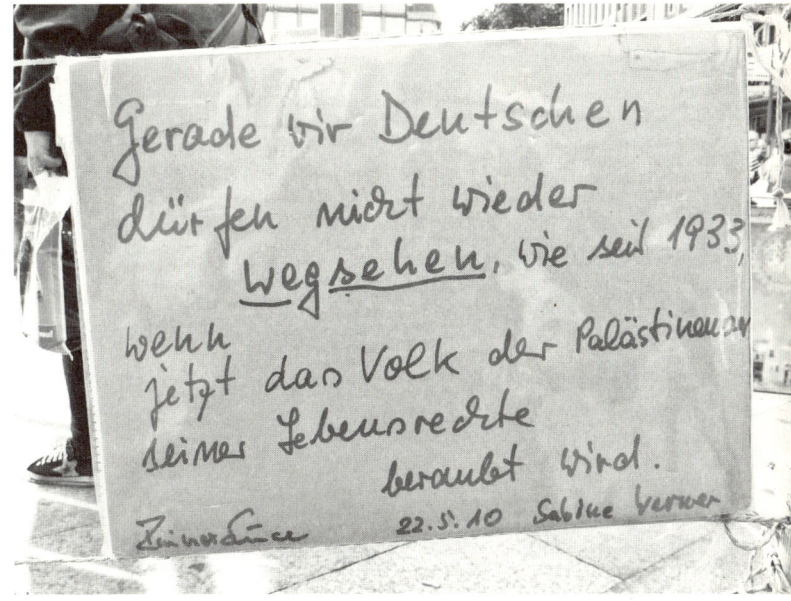

Gerade wir Deutschen dürfen nicht wieder wegsehen, wie seit 1933, wenn jetzt das Volk der Palästinenser seiner Lebensrechte beraubt wird.

22.5.10 Sabine Werner

Einigkeit und Recht und Gaza!

Am 1. Juli 2010, einen Tag nachdem Christian Wulff im dritten Anlauf in der Bundesversammlung zum Bundespräsidenten gewählt worden war, trat der Bundestag wieder zu einer ganz normalen Routinesitzung zusammen. Auf der Tagesordnung standen Anträge zu Themen wie »Brücken bauen – Grundlagenforschung durch Validierungsförderung der Wirtschaft nahe bringen« und der Entwurf eines »Gesetzes zur Ergänzung des Lebenspartnerschaftsgesetzes und anderer Gesetze im Bereich des Adoptionsrechts«, mit dem gleichgeschlechtlichen Paaren die Adoption von Kindern erleichtert werden sollte.

Und zwischen diesen beiden Tagesordnungspunkten schweifte der Bundestag in die Ferne und diskutierte über einen fraktionsübergreifenden Antrag mit dem Titel »Ereignisse um die Gaza-Flottille aufklären – Lage der Menschen in Gaza verbessern – Nahost-Friedensprozess unterstützen«, der einstimmig – ohne Gegenstimmen und ohne Enthaltungen – angenommen wurde. An dieser Stelle verzeichnet das Protokoll der Sitzung »Beifall im ganzen Hause«.

So etwas kommt nicht oft vor, selbst altgediente Berichterstatter können sich nicht daran erinnern, wann zuletzt alle Abgeordneten geschlossen einer Meinung waren, auch die Mandatsträger der Linken, die sich nicht einmal untereinander darüber verständigen mögen, ob die DDR ein »Unrechtsstaat« oder nur eine »Diktatur« war. Für einen Moment schwebte der Geist von Kaiser Wilhelm II. im Hohen Haus, der 1914, kurz vor dem Ausbruch des Ersten Weltkrieges, den »Burgfrieden« im Lande verkündete und dabei den berühmt gewordenen Satz sagte: »Ich kenne keine Parteien mehr, ich kenne nur noch Deutsche!«

Nun reichte der Boden der deutschen Geschichte schon unter Wilhelm II. bis nach Jerusalem, wohin der Kaiser, als erster westlicher Herrscher der Neuzeit, zusammen mit seiner Gattin Auguste Viktoria im Herbst 1898 gereist war, um unter anderem die evangelische Erlöserkirche einzuweihen, deren Bau er gefördert hatte. Bei dieser Gelegenheit traf er auch den Zionistenführer Theodor Herzl, der den Kaiser für die Idee eines »Judenstaats« in Palästina gewinnen wollte.

Aus dieser eher luftigen Verbindung ist inzwischen eine

feste Brücke geworden, über die vor allem gute Ratschläge zur Lösung der Nahostfrage geliefert werden. Nach Terroranschlägen wird Israel regelmäßig ermahnt, nicht zurückzuschlagen, um eine »Eskalation der Gewalt« zu vermeiden. Dieselben linken Politiker, die den Bau der innerdeutschen Mauer mit den damaligen geopolitischen Zuständen rechtfertigen, fordern Israel auf, die Mauer zwischen Israel und den besetzten Gebieten einzureißen, obwohl es einen klaren Zusammenhang zwischen dem Grenzregime und dem Rückgang der Terroranschläge gibt. Und jetzt hat der Bundestag – einstimmig – Israel aufgefordert, die Blockade von Gaza aufzuheben, denn sie sei »kontraproduktiv« und »den israelischen Sicherheitsinteressen« nicht dienlich.

Nun gehören nicht nur die Schwarzwälder Kirschtorte, der bayerische Leberkäse und das Berliner Holocaust-Mahnmal zu den deutschen Spezialitäten, derentwegen wir in der ganzen Welt geschätzt werden und um die uns so mancher beneidet. Die größte deutsche Spezialität ist es, zu wissen, was anderen guttut und was für sie »kontraproduktiv« ist, ein Talent, das immer dann zum Einsatz kommt, wenn die Holländer, die Dänen oder die Schweden sich bei den Wahlen nicht so entscheiden, wie es die deutschen Kommentatoren für richtig halten. Wir sind nicht nur die Weltmeister der Herzen, wir sind auch die Weltbesten im Erteilen von Ratschlägen. Daheim werden wir mit ein paar Neonazis nicht fertig und bringen keine »grenzüberschreitende« Zusammenarbeit zwischen den Polizeien von Baden-Württemberg und Rheinland-Pfalz zustande, aber draußen in der großen Welt, da verteidigen wir die deutsche Freiheit am Hindukusch, wollen einen Ständigen Sitz im Sicherheitsrat der UN haben. Yes, we can!

Dies im Sinn, macht die Lektüre des Protokolls der Bundestagsdebatte vom 1. Juli 2010 zu den Tagesordnungspunkten 13 a und 13 b – »Ereignisse um die Gaza-Flottille aufklären – Lage der Menschen in Gaza verbessern – Nahost-Friedensprozess unterstützen« – besonderen Spaß, zumal für die Aussprache gemäß einer interfraktionellen Vereinbarung eine volle halbe Stunde vorgesehen war!

Als erster Redner sprach Wolfgang Gehrcke für die Linksfraktion, die einen eigenen Antrag eingebracht hatte, aber trotzdem an der ganz großen Koalition festhalten wollte: »Jetzt ist etwas Besonderes passiert, das ich hier gewürdigt wissen will. Der Antrag der vier Fraktionen kann nun zu einem wirklich interfraktionellen Antrag gemacht werden. Wir werden diesem Antrag zustimmen. Das heißt, dass zum ersten Mal in der Nahostfrage alle Fraktionen des Hauses einen gemeinsamen Antrag haben. Dieses Signal wird mit Sicherheit auch im Nahen Osten, insbesondere in Israel und Palästina, wahrgenommen werden.«

Und so geschah es. Überall im Nahen Osten, insbesondere in Israel und Palästina, scharten sich die Menschen um ihre Volksempfänger, um zu hören, was der Bundestag zur Lage im Nahen Osten zu verkünden hat. Das tun die Menschen im Nahen Osten, insbesondere in Israel und in Palästina, beinahe jeden Tag, aber an diesem Tag, dem 1. Juli 2010, war es doch etwas Besonderes. Es war das erste Mal in der Geschichte der Nahostfrage, dass alle Fraktionen des Deutschen Bundestages sich auf einen gemeinsamen Antrag verständigt hatten!

Ja, nun war die Lösung des Nahostkonflikts zum Greifen nahe, alle Parteien im Bundestag zogen am selben Strang und in dieselbe Richtung. Das hatte es noch nie gegeben. Und die Menschen im Nahen Osten, insbesondere in Israel und Palästina, schöpften wieder Hoffnung, als sie Wolfgang Gehrcke von der Linkspartei sagen hörten: »Ich möchte, dass meine Freunde in Israel wieder ins Café gehen können, ohne Angst vor Selbstmordanschlägen haben zu müssen. Ich möchte, dass sich meine Freunde in Palästina, im Westjordanland und in Gaza endlich im eigenen Land frei bewegen können. Das ist doch nicht zu viel verlangt.«

Nein, das war es wirklich nicht, ganz im Gegenteil, es war eine moderate und vernünftige Forderung, der niemand widersprechen wird, der schon einmal im Café Mersand an der Ecke Frishman/Ben Jehuda in Tel Aviv gesessen und dort Rugelach gegessen hat. Besonders ein Satz in der Rede des Abgeordneten Gehrcke von der Linksfraktion stieß bei den Menschen im Nahen Osten, insbesondere in Israel und Palästina, auf ungeteilte Zustimmung: »Für mich ist es ein Rätsel, wie die israelische Regierung so dauerhaft und nachhaltig gegen die Interessen des eigenen Landes handeln kann.« Und da standen die Menschen im Nahen Osten, insbesondere in Israel und Palästina, auf, hoben die Arme zum Himmel und riefen: »Wolfgang Gehrcke, komm und erlöse uns, sei unser Führer in der Wüste der Dummheit, durch das Rote Meer des Hasses in das Himmelreich des Friedens!«

Der Ruf wäre beinahe erhört worden, wenn nicht gleich nach Wolfgang Gehrcke der Abgeordnete Thomas Silberhorn von der CDU/CSU sich als Wegweiser angeboten hätte: »Ich meine, dass wir sehr deutlich sehen müssen, dass eine dauerhafte Friedenslösung auch im Interesse Israels liegt. Alle Komponenten für eine Verhandlungslösung liegen seit Jahren auf dem Tisch. Jetzt tut der politische Wille not, tatsächlich zu Ergebnissen zu kommen. Wenn man die Lage auf der palästinensischen Seite betrachtet, wird deutlich, dass die Situation dafür im Moment günstig ist.« Da aber Silberhorns Redezeit abgelaufen war, kam er nicht mehr dazu, die Details der Verhandlungslösung zu erklären, die seit Jahren, unbeweglich wie eine Katze aus Porzellan, auf dem Tisch liegt.

Nach Silberhorn trat Rolf Mützenich für die SPD an das Rednerpult. Er sei »froh«, sagte Mützenich, dass »ein Konsens erreicht worden ist«, und er fand auch lobende Worte für die Anstrengungen des Kollegen Gehrcke, innerhalb der Linkspartei »für die Interessen Israels im Allgemeinen und auch für die Sicherheitsinteressen zu werben«: »Ich glaube, wir müssen Israel deutlich machen, dass durch die Abriegelung des Gaza-Streifens genau das Gegenteil von dem erreicht wird, was Israel eigentlich erreichen will ... Es ist die Aufgabe der Bundesregierung, dazu beizutragen – das können wir aufgrund unserer besonderen Beziehungen zu Israel –, dass dieses Problemfeld endlich von den politischen Akteuren in Israel erkannt wird. Ich würde mir wünschen, dass sowohl die Bundeskanzlerin als auch der Außenminister gegenüber der israelischen Regierung noch aktiver werden würden, als sie das bisher gewesen sind.«

Ja, es muss erst der Deutsche Bundestag zusammentreten, damit den politischen Akteuren in Israel endlich klar wird, dass vor ihrer Tür ein »Problemfeld« liegt. Bis jetzt haben sie es entweder nicht bemerkt oder ignoriert und die Raketen, die gelegentlich von Gaza nach Sderot abgefeuert wurden, irrtümlich für Feuerwerkskörper gehalten.

Nichts von dem, was Silberhorn und Mützenich sagten, war bösartig oder gemein, es war nur präpotent und von einer tiefen Ahnungslosigkeit geprägt. Sie redeten so, wie unverheiratete Priester über die Freuden der Ehe reden, Seifenkisten-Champions über die Formel 1 und Mitropa-Kellner über guten Service. Dabei freuten sie sich am meisten darüber, dass sie sich über die Parteigrenzen hinweg einig waren:

»Der fraktionsübergreifende Antrag, den wir heute beraten, hat ja schon im Vorfeld durchaus Öffentlichkeitswirkung erreicht; darüber ist völlig zu Recht berichtet worden. Denn das, was wir hier erleben, ist tatsächlich eine neue Qualität gemeinsamer deutscher Außen- und Sicherheitspolitik«, stellte Rainer Stinner für die FDP fest. »Ich bin froh darüber, dass wir das geschafft haben. Damit ist ein Beginn gemacht; dies ist kein Ende. Wir stehen als Deutscher Bundestag, als FDP-Fraktion weiterhin dafür: Wir wollen europäische Initiativen und deutsche Initiativen in diesen wichtigen Friedensprozess einbringen. Wir stehen dafür, dass wir dabei sehr wohl die berechtigten Interessen der beteiligten Parteien berücksichtigen. Aber wir wollen Fortschritt, wir brauchen Fortschritt, und wir werden unseren Beitrag dazu leisten.«

Als ich diese Debatte hörte, war ich ob der Mischung aus Größenwahn und Impotenz erst einmal sprachlos. Ich fragte mich: Wo nehmen die bloß ihr Selbstvertrauen her? Aus der deutschen Geschichte, auf die sie sich immer wieder beziehen (»Gerade wir als Deutsche…«), oder glauben sie, wenn ihre Väter und Großväter eine so schwere Aufgabe wie die Endlösung beinahe hinbekommen haben, dann werden sie den Nahen Osten im Vorbeigehen befrieden können? Vor allem die Israelis und die Palästinenser, also die »beteiligten Parteien«, dürfte es trösten, dass ihre »berechtigten Interessen« dabei »berücksichtigt« würden. Denn das übergeordnete und vorrangige Interesse bei der Lösung der Nahostfrage ist die Herstellung einer »gemeinsamen deutschen Außen- und Sicherheitspolitik«, also einer intakten Volksgemeinschaft gegenüber der Außenwelt. Sogar die Grünen waren von der Vorstellung einer nationalen Einheitsfront berauscht. Bei dieser Gelegenheit, meinte die Abgeordnete Kerstin Müller, »können alle mal über ihren Schatten springen, dann hat dies nämlich eine andere Bedeutung in Europa. Auch die Chance, in Europa gehört zu werden, wird größer, weil gerade die Deutschen mit ihrem besonderen Verhältnis zu Israel hier natürlich immer eine besondere Rolle spielen müssen. Diese Rolle nehmen wir wahr, indem wir diesen Antrag gemeinsam auf den Weg bringen. Dafür möchte ich mich bei allen bedanken.«

Es war wirklich eine einmalige »Debatte«, die allerdings eher an Sitzungen der Volkskammer erinnerte, bei denen sich die Abgeordneten darüber einig waren, dass es vor allem auf die Einheit ankommt. So etwas hatte es im Deutschen Bundestag bis dato nicht gegeben.

Als der Bundestag im April 2008 im Vorfeld der Olympischen Spiele in Peking über China und die Tibet-Frage debattierte, gingen die Meinungen weit auseinander. Die Vertreter der SPD redeten der Zurückhaltung das Wort, die der Union forderten die Regierung zu einer Stellungnahme zugunsten der Tibeter auf, die Parlamentarier der Linkspartei äußerten Verständnis für die Politik der chinesischen Führung und kritisierten das Verhalten der Tibeter. Aber kein Abgeordneter verstieg sich zu der Feststellung, man müsse dazu beitragen, dass »dieses Problemfeld« von den politischen Akteuren in China erkannt wird. Denn die Beziehungen zu China sind nicht annähernd so »besonders« wie die zu Israel.

Die Debatte war keine Sternstunde der parlamentarischen Demokratie, sie war ein Akt der nationalen Selbstfindung. Den Abgeordneten war es vermutlich nicht bewusst, dass sie – jeder für sich und alle zusammen – Wilhelm II. unter geänderten Vorzeichen spielten. War früher die sogenannte Judenfrage das überparteiliche Band, das die Deutschen zusammenhielt, so ist es heute die Palästina-Frage, die ein Gefühl der nationalen Einheit erzeugt. Ein Parlament und eine Regierung, die von einer hausgemachten Krise nach der anderen kalt erwischt werden, die sich nicht einmal auf den Mehrwertsteuersatz im Hotelgewerbe einigen können, wollen einen maßgeblichen Beitrag zur Befriedung des Nahen Ostens leisten. Wie Kinder, die beim Monopoly-Spiel Opel übernehmen und Karstadt vor dem Bankrott retten.

Ob der Bundestag eine fraktionsübergreifende Resolution zu Gaza abgibt oder erklärt, die Erde sei eine Scheibe, die auf dem Rücken der Fraktionsgeschäftsführer ruht, ist für den Verlauf des Weltgeschehens freilich vollkommen irrelevant. Das ist einerseits erfreulich und andererseits erschreckend. Die Abgeordneten wollen nur spielen. Gestern war es die Reise nach Jerusalem, morgen wird es wieder Räuber und Gendarm sein.

Fette Judenfotze
oder: Wenn in Brandenburg
ein Kanalrohr platzt

Ich sagte es schon: Der Antisemit ist arm dran. Er ist nicht
Herr seiner Sinne, es denkt in ihm. Er hat das Gefühl, die
Juden manipulieren ihn, üben eine geheimnisvolle Macht
über ihn aus. Und da hat er Recht, auch wenn es sich nicht
um eine Intervention von außen, sondern um eine Form
von autogenem Training handelt. Denn der Antisemit muss
dauernd, immerzu, ständig an Juden denken wie ein Buli-
miker ans Essen und er muss das, was er gerade über Juden
aufgenommen hat, sofort von sich geben: dass sie hinter

den Anschlägen von 9/11, hinter der Eurokrise und hinter der Klimakatastrophe stecken. Dass sie mit den Nazis bei der Endlösung zusammengearbeitet haben, um hinterher »Wiedergutmachung« verlangen und den Staat Israel gründen zu können. Keine Annahme ist zu absurd, als dass sie nicht auf das Konto der Juden gebucht werden könnte. Denn der Antisemit ist von der Allmacht der Juden ebenso überzeugt wie von seiner eigenen Ohnmacht.

Den Juden dagegen sind solche »Komplimente« peinlich. Deswegen versuchen sie, die Antisemiten davon zu überzeugen, dass sie bei Weitem nicht so machtvoll sind, wie es die Antisemiten glauben. »Wir sind doch nur 12 bis 14 Millionen«, sagen sie, »nicht einmal zwei Promille der Weltbevölkerung.« – »Genau das ist euer Trick«, ruft der Antisemit zurück. Die Beweise stehen in seinem Buchregal: Luthers »Von den Juden und ihren Lügen«, »Die Protokolle der Weisen von Zion«, verfasst von einem anonymen Autorenkollektiv und »Die Israel-Lobby« von Mearsheimer und Walt. Und wenn Juden unter Nobelpreisträgern überproportional vertreten sind, dann ist das nur ein weiterer Beleg dafür, wie gut sie untereinander vernetzt sind und sich gegenseitig protegieren.

Der Gegenpart des Antisemiten ist freilich nicht der Jude, sondern der »Antisemitismusforscher«. Er versucht, dem Antisemiten auf die Schliche zu kommen: Warum kann dieser die Juden nicht ausstehen? Warum ist er resistent gegen alle Argumente? Was hat ihn zu einem Antisemiten gemacht? Eine schwere Kindheit? Wurde er mit Hühnersuppe und Matzenbrei zwangsernährt? War es der jüdische Hausbesitzer, unter dem seine Eltern leiden mussten? Die ZDF-Dokumentationen von Guido Knopp? Die israelische Politik?

Auch der Antisemitismusforscher ist arm dran. Er versucht, für eine irrationale Leidenschaft eine rationale Erklärung zu finden. Ebenso gut könnte er Menschen, die gerne Tango tanzen, fragen, warum sie nicht lieber einen Karatekurs besuchen. Oder umgekehrt.

Nun ist der Antisemitismus nach 1945 in Deutschland so geächtet wie kein anderes Ressentiment. Das ist zweifellos ein Fortschritt gegenüber früheren Zeiten. Aber jeder Fortschritt hat seinen Preis. Die Mobilität verschlimmert die Umweltbilanz, das Internet befördert die Anonymität, der Sozialstaat begünstigt die Verwahrlosung. Und die Tabuisierung des Antisemitismus führt dazu, dass er auf Nebenwege ausweicht. So wie die Prohibition nicht dem Alkoholismus den Garaus gemacht, sondern nur alternative Produktionsweisen und Vertriebswege eröffnet hat. Diesem Phänomen steht der Antisemitismusforscher ratlos gegenüber. Er fragt: *Warum* die Juden? Die richtige Frage aber wäre. Warum die *Juden*? Und die richtige Antwort würde lauten: Weil sie den Monotheismus erfunden, die Zehn Gebote eingeführt und das Menschenopfer abgeschafft haben. Weil der Polytheismus lustiger ist, die Zehn Gebote fast alles verbieten, was Spaß macht, vom Mord bis zum Ehebruch, und Menschenopfer die ersten »Mega-Events« waren, so wie heute die Love-Parade und das Kampftrinken bis zum Umfallen beim Ballermann.

Das reicht doch, um die Juden nicht zu mögen, oder? Aber dem »Antisemitismusforscher« ist das nicht differenziert genug. Deswegen definiert er den Antisemitismus gerne als »gruppenbezogene Menschenfeindlichkeit«, eine Definition, die sich vor allem dadurch auszeichnet, dass man alles in sie hineinpacken kann. Nur einige Außenseiter des Gewerbes räumen inzwischen ein, dass der aktuelle Antisemitismus nicht trotz, sondern gerade wegen Auschwitz zu neuem Leben erwacht ist. Dafür hat der gewöhnliche Antisemitismusforscher kein Gespür. Er ist noch immer mit Stoecker, Lueger und Goebbels zugange, was auch den großen Vorteil hat, dass er nicht wegen Verleumdung verklagt werden kann, und falls er sich doch mit Aktualitäten beschäftigt, gilt sein Interesse der NPD und ihren Ablegern. Man könnte sagen: Die Antisemiten sind mit Sechszylinder-Turbo-Diesel-Autos unterwegs, während die Antisemitismusforscher ihnen auf Mopeds hinterherrasen. Ich vermute, das folgende Beispiel wird frühestens in 70 bis 80 Jahren von einem Antisemitismusforscher aufgegriffen werden:

Ende Oktober 2011 bekam ich eine Mail von einem Leser der »Achse des Guten«, der sich bei mir darüber beklagte, dass der Rundfunk Berlin-Brandenburg (RBB) auf seine Beschwerden nicht reagiere. Auf der Jugendwelle »Fritz« des RBB laufe seit Jahren eine Sendung namens »KenFM«. Der Moderator dieser Sendung verbreite Verschwörungstheorien und behaupte unter anderem, 9/11 sei »ein Insider-Job gewesen« und »der Iran gar nicht in der Lage, Terror zu verbreiten«. Diese Beiträge seien auch auf YouTube zu sehen.

Ich klickte die in der Mail angegebenen Links an und stellte fest: Der Leser hatte nicht übertrieben. Was da im Jugendprogramm des RBB lief, war übelste antiamerikanische und antisemitische Propaganda eines Moderators am Rande des Nervenzusammenbruchs. Das World Trade Center sei »warm abgerissen« worden, behauptete er, und bei dem letzten Gefangenenaustausch zwischen Israel und der Hamas seien nur »ein bis zwei« richtige Terroristen dabei gewesen. Der Mann verfügte offenbar über ein Geheimwissen, dessen Quellen er mit seinen Hörern nicht teilen wollte.

Was den »Achse«-Leser und RBB-Hörer aber besonders empörte, war eine Mail, die er von Jebsen bekommen hatte – als Reaktion auf seinen Kommentar. Es war eine lange, vollkommen irre und wirre Mail, die in einem Logorrhö-Anfall geschrieben worden sein musste. Wenn man sie aber mit den Ohren las, dann hörte sie sich genauso an wie die Texte von Ken Jebsen, dem Moderator von »KenFM«. Hier die ganze Mail im Original:

wie gesagt es ist völlig sinnlos sich mit ihnen zu unterhalten. das ist wie wenn ich versuche jehovas zeugen oder scientonlogie mitglieder zu überzeugen..

sie sind unfähig aus ihrem käfig zu treten.

. was ist das grösste problem der juden ? ihre führer. also wie in der restwelt auch. henry kissinger selber jude hat für juden überhaupt nichts übrig. er hat selber gesagt als er von russischen juden gebeten wurde ihre ausreise nach israel zu ermöglichen , das für ihn zitat » eine vergasung der russischen juden höstens ein ökonomisches problem sei «

sie brauchen mir keine holocaus informatinen zukommen lassen.

ich habe mehr als sie. ich weis wer den holocaust als PR erfunden hat. der neffe freuds. bernays. in seinem buch propaganda schrieb er wie man solche kampagnen durchführt. goebbels hat das gelesen und umgesetzt.

ich weis wer die rassendatten im NS reich möglich gemacht hat. IBM mit hollerithmachinen. ich weis wer wärend des gesamten krieges deutschland mit bombersprit versorgt hat.standartoil also rockefeller.

und was macht die CIA seit ihrer gründung ? sie unterstütz jeden dikator wenn er ihr nütz. dabei setzt sie alt nazis ein bis in die 90iger. welche moral hatten allan dulles und co ?

gar keine. es geht nur um macht und cash und wer dabei über die klinge springt ist völlig nebensächlich.

vergessen sie alle einzelschicksale. es geht um die grosse sache derer die ganz oben uns alle wie marionetten tanzen lassen. da spielt relgion überhaupt keine rolle. ob sie jude christ moslem buddhist oder FASCHIST sind.

egal. wenn es der sache dient !

ich weis exact wovon ich rede denn ich habe jede menge länder in den demokratisiert bin bereist. ich war in israel und habe mit holocaust opfern gesprochen. sie selber finden es widerwärtig was in ihrem namen passiert.

ich selber hat iranisch und jüdische roots aber eben auch verwandte auf der ganzen welt. es geht nie um den meschen und frieden. es geht um macht und krieg ist da ein super geschäftsmodell.

das alles ist nur anwendbar wenn man die informationen lenkt. das passiert. auf allen seiten. aber wer bezahlt ?

SIE ? ICH ?

passiv. aber was ist mit den aktiven opfern ?

*mir geht es auschliesslich um diese menschen und es ist
mir egal welchen pass sie haben , welche religion oder was
auch immer.*

*was wollen die macher von uns ? das wir unser feind-
bild immer schön aufrech erhalten damit man uns benutzen kann. ich lasse mich nicht benutzen. das ist meine erfahrung und mein resumee aus krieg. es gibt nur verlierer.*

*ausser die die das alles aus sicherer entfernung insze-
nieren.*

*fazit ? ganz oben gibt es keine moral. und der einzelne
spielt keine rolle.*

*ich gehe überhaupt nicht davon aus das sie und ihre
schwarz weiss feindbild zu erschüttern sind, denn wie sagte
schon weizsäcker. eine vorgefasste meinung ist schwerer
zu zertrpmmern als ein atom ‹*

*genau. ich und ich denke der grösste teil meiner gene-
rattion und der jungen menschen haben es aber satt. wir
können sehr wohl friedlich miteiander leben, wenn man
uns den liese.*

*aber das ist eben überhaupt nicht gewünscht. die poli-
tik der spannung ist das erklärte ziel. ich spiele dabei aber
nicht mit. ich drücke auch keinen abzug für die gerechte
sache oder sage ja zur NATO bombardierung libyens und
26.000 einsätzen.*

*das alles ist politik von menschenfeinden, kalten krie-
gern, machtmenachen. diese mensch habe keine respekt
vor dem leben.*

die erde ist rund. der kopf ist rund. damit das denken

die richtung wechseln kann. einfach mal ausprobieren an seinen » erzfeind« unvoreingenommen heranzutreten und sich davon zu überzeugen das es sehr wohl viele gemeinsame nenner gibt. ob wir auf diese mal aufbauen ? oder doch die nächsten 30 jahre uns immer weiter die köpfe einschlagen ?

dieser planet hat schlicht die zeit nicht sich mit dieser steinzeitmethode vor dem globalen kollaps zu retten.

bleiben sie in ihrer ecke und verschanzen sie sich hinter »geschichtlichen tatsachen «. ich versuche lieber selber geschichte neu zu schreiben indem ich meine hand ausstrecke. weniger hass könnte auch ihnen nicht schaden.

er vergiftet alles.

Nun sind Ken Jebsen und ich sozusagen »Kollegen«. Er moderiert(e) jeden Sonntag sein »KenFM« auf »Radio Fritz«, ich habe jeden Freitagmorgen eine dreiminütige Kolumne auf »Radio 1«. Statt also die Mail gleich auf der »Achse des Guten« zu veröffentlichen, schickte ich sie erst an einen RBB-Redakteur, verbunden mit der Anfrage, was man im Sender von diesem irren Antisemiten halte.

Die Antwort kam umgehend:

Kenne Ken Jebsen flüchtig, der Ausdruck »irre« kommt der Person sehr nahe, »Antisemit« …, ich weiß nicht. Bitte um Verständnis, daß ich mich zu einem rbb-Kollegen nicht weiter äußern möchte!

Auf eine weitere Nachfrage teilte mir der Redakteur mit, er habe »den Vorgang Jebsen« dem Chefredakteur von »Fritz« »zur Verfügung gestellt«. Dieser finde »die Äußerungen von Jebsen auch ›Scheiße‹ (O-Ton), will auch handeln – geben sie ihm eine Chance!«

Ich fand diese Auskunft extrem unbefriedigend und schrieb zurück:

was heisst, ich soll ihm eine chance geben? ist das treiben dieses kretins bis jetzt unbemerkt geblieben? wie lange hat der ORB diesem schwachkopf eine chance gegeben? ich will ja gar nicht, dass er gefeuert oder gemaßgeregelt wird, das ist mir völlig wurscht, ich denke nur, so was gehört an die öffentlichkeit.

Ich wartete noch drei Tage und stellte die Mail am 6. November auf der »Achse des Guten« online: »ich weis wer den holocaust als PR erfunden hat.« Es war ein Sonntag, in Berlin und Potsdam läuteten die Kirchenglocken, und beim RBB war business as usual angesagt. Punkt 14 Uhr fing auf »Radio Fritz« »KenFM« an, doch kaum war der Vorspann vorbei, zog jemand die Notbremse und schaltete »KenFM« ab. Ich selbst bekam davon nichts mit, weil ich gerade am Ufer des Potomac saß und überlegte, was ich zum Frühstück bestellen sollte. Sunny side up oder over easy? Derweil postete Jebsen auf seiner Facebook-Seite die Nachricht des Tages: »DIESE SENDUNG WURDE VOR WENIGEN MINUTEN AUFGRUND POLITISCHER DISKREPANZEN VON OBEN ABGESCHALTET. GRUND: WIR SIND ZU POLITISCH!!«

Worauf sich sofort eine Gruppe bildete, die Jebsen zu Hilfe eilte. Einer seiner Fans kommentierte das Geschehen folgendermaßen:

Na klar, der kleene zionistische Berufs-Propagandist Henryk Modest Broder hat mal wieder seine »Periode«

bekommen und einen Lauten gemacht und hinterrücks Briefe mit Beleidigungen an den RBB geschieben und auf seinem Blog veröffentlicht, so im Stasi-Defamierungs-Stil »Ich bin das Mäuschen und Herr Oberlehrer ich weiß was ...« – kennen wir doch, diese subversive Art ...

Jebsen selbst reagierte ebenfalls umgehend, er postete eine Stellungnahme auf YouTube:

Ich, ein Antisemit? Meine seit zehn Jahren jeden Sonntag ausgestrahlte Radio-Sendung wurde heute kurz vor Sendebeginn abgesagt. Der Grund ist eine Mail von Henryk m. Broder an das Programm-Management des RBB, in der er mich als Irren und Antisemiten bezeichnet hat. Zur Begründung bezieht er sich auf Radio-Beiträge und einen privaten mail-Verkehr mit einem Hörer, den er am 6.11.2011 auf seinen Blog www.achgut.de online gestellt hat und in dem ich angeblich den Holocaust leugne. Ich stelle klar: Ich bin vielleicht irre, aber kein Antisemit. Dies zeigen meine zahlreichen bei Radio FRITZ und auf youtube veröffentlichten Beiträge. Dies billigen auch die vielen Reaktionen meiner Hörer auf die heutige Absetzung. Ich verstehe mich als Humanisten und Demokraten und stehe für kritischen Journalismus. Den Holocaust habe ich in zahlreichen Beiträgen thematisiert und als das schlimmste Verbrechen der Menschheit verurteilt. Seit 545 Sendungen wird bei KenFM für Menschlichkeit und Gleichberechtigung geworben. Herr Broder, Sie treffen den Falschen. Ich lade Sie herzlich ein, mit mir in meiner Sendung KenFM über Rassismus und Antisemitismus zu diskutieren. Ich freu mich drauf. Ihr Ken Jebsen.

Das war nicht ungeschickt. Indem er einen Vorwurf abwehrte, der nicht erhoben wurde, verschaffte er sich argumentativen Spielraum. Tatsächlich hatte Jebsen den Holocaust nicht geleugnet, er schrieb nur: »ich weis wer den holocaust als PR erfunden hat.« Darauf, dass er Kissinger ein antisemitisches Zitat in den Mund gelegt hatte, wonach »eine Vergasung der russischen Juden höchstens ein ökonomisches Problem« wäre, ging er gar nicht ein, denn niemand nahm daran Anstoß, auch nicht daran, dass er – wie jeder in Erklärungsnot geratene Antisemit – Juden zu Zeugen anrief, nämlich die vielen Holocaust-Überlebenden, die er besucht habe und die es »widerwärtig« fänden, »was in ihrem Namen passiert«. Schließlich hat Jebsen »iranische und jüdische roots«, was ihn zu einem Experten für den Iran und gegen antisemitische Anflüge immun macht. Und indem er mich einlud, mit ihm zu diskutieren, legte er mir den Ball vor die Füße. Man kann sich doch über alles unterhalten, auch über Rassismus und Antisemitismus, es muss einen Dialog auf Augenhöhe geben, auch zwischen einem Juden und einem Antisemiten, der sich auf seine »Wurzeln« beruft. – Gut, dass wir darüber gesprochen haben.

Drei Tage später legte der »Humanist« und »Demokrat« mit »iranischen roots« noch ein Argument drauf: »Allein meine Biographie und meine Herkunft sind mir Verpflichtung, mich mit meiner journalistischen Arbeit für Völkerverständigung, Frieden und Demokratie einzusetzen.«

Der RBB agierte wie ein Gastgeber, der eine Party absagt, während die Gäste schon vor der Tür stehen. Der Pressesprecher des Senders erklärte, angesichts der Vorwürfe sei es »unausweichlich« gewesen, »die Sendung KenFM auszusetzen«. Denn:

Es ging darum, den rbb, sein Radioprogramm Fritz und auch den Moderator Ken Jebsen vor Schaden zu bewahren und eine Eskalation zu vermeiden. Der rbb arbeitet seit vielen Jahren mit Ken Jebsen zusammen, gerade junge Hörerinnen und Hörer schätzen seine pointierte, oft auch eigenwillige Art. Über seine jüngsten Äußerungen und die daraus abgeleiteten Vorwürfe sind nun die Programmverantwortlichen im Gespräch mit dem Moderator. Danach wird über das weitere Vorgehen entschieden.

Diese – nicht besonders kluge – Erklärung des RBB war noch nicht verhallt, da trat der ehemalige »taz«-Redakteur Mathias Bröckers – der wie Jebsen überzeugt ist, dass 9/11 ein Insider-Job war – zur Ehrenrettung seines Freundes an:

Die Broder-Brigaden haben mal wieder zugeschlagen, dieses Mal aber nicht in Form eines islamophoben Killers wie dem bekennenden Broder-Fan Anders Breivik, sondern in Form der Senderverantwortlichen des RBB. Die nämlich stellten ihrem Moderator Ken Jebsen, der seit zehn Jahren jeden Sonntag die Sendung KenFM auf Radio Fritz moderiert, gestern nach einigen Minuten das Mikrophon ab. Der Grund: Henryk Broder hatte sich telefonisch und per Blog beschwert, dass es sich bei Ken Jebsen um einen Antisemiten und Holocaustleugner handelt... Hallo RBB – noch ganz dicht? Reicht es nicht, das diese rassistischen Wirrköpfe und Ideologen die Stichworte für Massenmörder wie Breivik liefern? – oder stehen jetzt hier schon gebührenbezahlte Radiobeamte stramm, nur weil kleines dickes Broder mal wieder »Antisemitismus« in's Phone furzt? Das kann doch wohl nicht wahr sein!

Auch die »Märkische Allgemeine« stellte sich hinter den Moderator, als wäre der in einem Planschbecken von einem Hai angefallen worden. Broder habe, schrieb die MAZ, »es sich zu einfach gemacht und wegen eines uneindeutigen Satzes, der nie über den Äther lief, voreilig mehr als 500 Sendungen und einen Menschen verteufelt«. Denn: »Jebsen passte zu gut in sein Beuteschema. Als eifernder Konservativer stellt Broder am liebsten jede israelkritische Äußerung unter Antisemitismusverdacht.«

Am 12. November, sechs Tage nach dem Eklat, gab Claudia Nothelle, die Programmdirektorin des RBB, der »Berliner Morgenpost« ein Interview, in dem sie unter anderem über Jebsen und sein »KenFM«-Programm sagte:

Die politischen Aussagen, die er da teilweise in fast 15 Minuten ausgeführt hat, sind oftmals ziemlich wirr, auf jeden Fall absolut missverständlich. So, dass ich der Auffassung bin: So etwas hat im RBB keinen Platz, das hätte so nicht gesendet werden dürfen. Das heißt natürlich nicht, dass bei uns keine ungewöhnlichen Meinungen vorgetragen werden dürfen. Aber diese müssen auch als Meinung klar gekennzeichnet sein.

Die Programmdirektorin gab auch ein »redaktionelles Versäumnis« zu:

Mein Problem ist, dass dies offenkundig einige Wochen lang geschehen konnte, ohne dass die Programmverantwortlichen eingeschritten sind – jenseits des Antisemitismus-Vorwurfs, der auf einer ganz anderen Ebene liegt.

Zu der Mail, die der Auslöser der Lawine war, sagte die Programmdirektorin:

Er hat sie ernst gemeint, sie ist nicht als Satire geschrie-

ben. Aber er hat sie unter hohem Druck geschrieben. Allerdings: Den Gedanken, dass man gewisse Dinge noch mal liegen lässt, bevor man sie losschickt, haben wir ihm sehr nahe gebracht. Wir haben mit ihm darüber geredet, dass man nicht aus einer aufgeheizten Stimmung heraus eine Mail schreibt und sie losschickt.

Offenbar hatte ein therapeutisches Gespräch zwischen den Programmverantwortlichen und Ken Jebsen stattgefunden, in dessen Verlauf einiges geklärt wurde. »Lieber Ken«, könnte einer der Hierarchen gesagt haben, »demnächst gehst du bitte zuerst aufs Klo, bevor du wieder eine Hörermail beantwortest, es ist nicht gut, unter Druck zu schreiben. Auch eine aufgeheizte Stimmung tut dir nicht gut, also mach ab und zu ein Fenster auf und kühl dich ab.« »KenFM«, so die Programmdirektorin zur »Morgenpost«, werde »wieder deutlich stärker eine Unterhaltungssendung…, der Politikanteil deutlich reduziert sein«, und: »Die politischen Themen, die er setzt, sind künftig abgesprochen.«

Am folgenden Sonntag durfte Jebsen wieder ans Mikrofon. Wie von der Programmdirektorin verlangt, entschuldigte er sich für Äußerungen, die er nicht gemacht hatte. »Es tut mir leid, dies war nie meine Absicht«, wer seine Sendung auch nur ein Mal gehört habe, der wisse, dass der Vorwurf, er leugne den Holocaust, »absurd« sei. Zum Beweis spielte er ein Interview mit einem Künstler ein, der die Aktion »Stolpersteine« initiiert hatte, um an die aus Deutschland deportierten Juden zu erinnern. Bei der Gelegenheit bedankte sich Jebsen bei »Fritz« und beim RBB für das ihm erwiesene Vertrauen.

Das währte genau zwei Wochen. Am 23. November gab der RBB bekannt, man beende »die Zusammenarbeit mit KenFM-Moderator Ken Jebsen«. Die Programmdirektorin Claudia Nothelle begründete den Schritt folgendermaßen:

Der Sender hat Herrn Jebsen gegen den Vorwurf verteidigt, er sei Antisemit und Holocaust-Leugner. Allerdings mussten wir feststellen, dass zahlreiche seiner Beiträge nicht den journalistischen Standards des rbb entsprachen. Daraufhin haben wir mit ihm verbindliche Vereinbarungen über die Gestaltung der Sendung KenFM getroffen. Diese hat er wiederholt nicht eingehalten. Wir bedauern das und müssen auf seine Mitarbeit künftig verzichten.

Das war mehr als kryptisch. Welche Vereinbarungen getroffen und nicht eingehalten wurden, welche der Beiträge den »journalistischen Standards des RBB« nicht entsprachen, das alles behielt die Programmdirektorin für sich.

Dafür verteidigte sie den gefeuerten Moderator ein letztes Mal gegen den Vorwurf, ein Antisemit und Holocaust-Leugner zu sein, denn wäre dem so, dann wäre der Vorwurf auf den RBB zurückgefallen, der ihn beschäftigt hat. Eher gibt eine Oma aus Altötting auf dem Totenbett zu, dass sie als junge Frau auf dem Strich gearbeitet hat, als dass ein öffentlich-rechtlicher Sender einräumt, dass er einem Antisemiten eine Programmnische geboten hat.

Mit dem beliebten Moderator musste auch der zuständige Wellenchef gehen: »Stefan Warbeck (45) gibt auf eigenen Wunsch die Programmverantwortung für das rbb-Jugendprogramm ›Fritz‹ ab … Er sieht sich nicht mehr in der Lage, das Programm angemessen zu leiten.«

Es war einer jener Momente, da ich gerne unsichtbar unter dem Schreibtisch der Programmdirektorin gesessen hätte. Hatte sie ein Fenster in ihrem Büro aufgemacht und »Warbeck, springen Sie!« gerufen, oder musste sie ihm damit drohen, ihn an den MDR auszuleihen, bevor der »Fritz«-Chef freiwillig sein Amt aufgab?

Während das »neue deutschland« den gefeuerten Moderator sogleich zu einem Opfer der Herrschaftsverhältnisse erklärte (»Rausschmiss eines Unbequemen«), gerieten seine Hörer dermaßen außer Rand und Band, dass man sich fragen musste, ob »Fritz« wirklich die Jugendwelle des RBB ist oder die Welle, auf der die Jungen Nationaldemokraten surfen. »Fette Judenfotze. Nachdem ich deinen Rotz gelesen habe, weiß ich jetzt, woher der Antisemitismus in Deutschland herkommt« war noch eine der freundlicheren Zuschriften, die ich bekam, dicht gefolgt von: »Leute wie Broder sind der Grund dafür, dass es Antisemitismus in Deutschland überhaupt noch gibt«, und: »Bitte, bitte machen Sie ein Bild von sich selbst in dem Sie hinterhältig grinsen und sich die Hände reiben und posten dies als Bild der Woche auf achgut. Das wäre grandios.« Irgendwo in Brandenburg musste ein Kanalrohr geplatzt sein, und was aus dem Leck strömte, war das Elixier des Antisemitismus, rein und unverfälscht. Jebsen selbst mag ein aufgeblasener Dummbatz sein, der sich der Tragweite seiner Äußerungen nicht bewusst ist. Für den RBB aber war er »ein Moderator, der die jungen Hörerinnen und Hörer für Politik und Demokratie begeistern und sie zum Mitwirken anregen will« (Nothelle), einer, der »polarisieren muss und dabei auch provozieren darf« (RBB-Sprecher Volker Schreck).

Und das würde er noch immer tun, die jungen Hörerinnen und Hörer für Politik und Demokratie begeistern, ihnen die wahren Hintergründe der Anschläge von 9/11 erklären und mit Stolpersteinen zur Erinnerung an deportierte Juden hantieren, wenn er nicht über eine dumme Mail an einen Hörer gestolpert wäre.

And then the shit hit the fan.

Wie der Herr, so das Gscherr

Nicht der Leitartikel, der Leserbrief ist das Spitzenangebot im Supermarkt der Meinungsfreiheit. Aus keinem anderen Grund verfasst als dem, Dampf abzulassen, ist er authentischer als jeder professionelle Kommentar zum Zeitgeschehen. Das Diktum von Paul Sethe, »Pressefreiheit ist die Freiheit von 200 reichen Leuten, ihre Meinung zu verbreiten«, wurde durch das Internet außer Kraft gesetzt. Nicht ganz, aber weitgehend.

Die Leser- bzw. Hörerbriefe, die in diesem Kapitel stehen, sind extrem authentisch, einschließlich der Rechtschreibung und Zeichensetzung. Sie stammen von Hörern des RBB, die ihre Empörung über die Entlassung »ihres« Moderators Ken Jebsen artikulieren. Auf die Forderung, ich sollte dafür sorgen, dass er wieder eingestellt wird, nachdem ich dafür gesorgt habe, dass er gefeuert wurde, will ich nicht weiter eingehen, da kommt die gute alte DDR wieder zum Vorschein, wo ein Anruf von Christa Wolf bei Honecker genügte, um einen Dissidenten aus dem Knast zu holen. Wichtiger scheint mir etwas anderes, die symbiotische Beziehung zwischen Herr und Gscherr.

Volkes Stimme, dem Internet sei Dank, die im Rauschen der Erinnerungsfolklore sich kaum Gehör verschaffen kann, ergreift das Wort, wenn sie dazu die Gelegenheit bekommt. Wie bei einem Karaoke-Abend, wo die Zuschauer zum Mitsingen aufgefordert werden. Fällt der Vorsinger aus, machen die Zuhörer ohne ihn weiter.

Nachdem Jebsen seine Hörer jahrelang mit obskuren Theorien zum Lauf der Welt versorgt hatte, waren sie auf seine »kritischen Informationen« so angewiesen wie Junkies auf die Lieferungen ihres Dealers. Tatsächlich lesen sich einige Hörerbriefe so, als seien sie in einem Anfall von »Cold Turkey« geschrieben worden. Was freilich nichts an ihrer Authentizität ändert.

Jebsen wird von Hörern, die sich antisemitisch übergeben (»Schönes Wochenende, JUDE«), gegen den Vorwurf in Schutz genommen, er sei ein Antisemit. Und zwar mit dem Hinweis darauf, er habe »den Holocaust kritisiert«. Auch Jebsen selbst sagt, er könne kein Antisemit sein, weil er »iranische und jüdische« Wurzeln habe und den Holocaust »in zahlreichen Beiträgen thematisiert und als das schlimmste Verbrechen der Menschheit verurteilt« habe.

So wird eine Selbstverständlichkeit zum Alibi. Oder: Nur wer den Holocaust »kritisiert« und »verurteilt«, darf sich antisemitische Ausfälle leisten, wie z.B. den, er wisse, wer den Holocaust als PR erfunden hat.

Hier also eine Auswahl von Wortmeldungen aus dem Fanclub von Ken Jebsen zum Fall Jebsen. Denn nichts ist aufregender als die nackte Wirklichkeit.

Ungeheuerlich! Herr Journalist!!! Sie sind der NAZI!!!

Warum gehen sie nicht zu der Sendung/Einladung? Weil Ihr Schwanz zu klein ist ;) !!! weil sie Angst haben??? Ich kenne die Mail von Jebsen nicht. Aber schon komisch das sie sich um so einen unbedeutenden »No Name« kümmern. Ich denke da steht mehr dahinter! Was mit den Juden passiert ist unter Hitler, war eine Schande! das wollte ich nur nochmal sagen, nicht das auch ich als Nazi gehandelt werde!

Und besser Sie halten die Klappe was 9/11 angeht, vor allem als Journalist!!! Warum gibt es zu diesem Thema keine lückenlose Dokumentation… ach was mach ich hier eigendlich. Sie lesen das eh nicht und eine Antwort bekomme ich auch nicht… Dieses »sich ins rechte Licht rücken« kotzt mich an… außerdem wette ich, das sie damit jemanden einen Gefallen getan haben??? Stimmts!!!!

Schönes Wochenende, JUDE !!!!

Heute muss ich leider feststellen, dass sie nichts anderes tun, als Andersdenkende zu diskreditieren und das monoton und stupide wiederholen, was insbesondere die US-amerikanische Propaganda vorgibt. Kein Wort zu den

schmutzigen Kriegen der USA, nahezu alle begonnen, unter der Vorspielung frei erfundener
Sachverhalte. Kein Wort zu den Millionen von
Opfern, die das »Glück« hatten, für die Freiheit, die sie und ihre Gesinnungsgenossen meinen, zu verrecken. Mein Gott, – wie primitiv
ist das. Und wie schlimm, – dass sich damit
Geld verdienen lässt.

Wenn Juden über Fernsehsender und über den Rest der Me-
dienwelt in Deutschland herrschen, und bestimmen wer gefeuert wird und wer bleiben darf (Ken Jebsen), dann läuft
hier gewaltig etwas schief.

Das ist wirklich traurig, denn genau deswegen wurden
Sie vor 60 Jahren in diesem Land ja auch so gehasst! Ich
bin vielleicht mit meinen 20 Jahren noch sehr jung, aber
ich kann nun ohne Zweifel sagen, dass Hitler Recht hatte!
Nicht mit dem Holocaust, dieses unmenschliche und wi-
derwärtige Verbrechen, aber mit seiner Meinung zum Weltjudentum…

Hitler hätte damals man besser alle Juden ausweisen
lassen sollen und gut is. Dann hätten doch Amerika oder
Frankreich oder was weiß ich wer sie aufnehmen können
(genug Geld hatten die Juden ja in Deutschland sowieso
schon genug angehäuft…), aber wir Deutschen wären endlich wieder frei gewesen, ohne den Marionettenspieler im
Hintergrund…

Dennoch: eine schwache Nummer, auch ziemlich weit
untere Schublade, unter Nutzung von Beziehungsge-

flechten beim rbb dort eine kritischen Journalisten, der mit Antisemitismus ungefähr so viel zu tun hat wie der Mars mit grünen Männchen, rauskicken zu lassen und den verantwortlichen Redakteur gleich vorneweg mit als Bauernopfer.

Da wurde Ihnen wohl ein bisher Ihnen – nach eigenem Bekunden unbekannter – Journalist und Radiomacher zu frech. Und zu nassforsch.

Nun ist es eigentlich an der Zeit, Herr Broder, mal Farbe zu bekennen: ich bitte Sie ganz herzlich, beim rbb anzurufen, erneut ihre offenbar sehr guten Kontakte spielen zu lassen und dafür zu sorgen, daß Herr Jebsen weitermachen darf!

...oh, der broder, kaum ist mal zeit zu schweigen, der zu kurz geratene & fett gefressene macht trotzdem das maul auf. Hat der jebsen dir ne frau ausgespannt? Du bist in meinen augen ein wichtigtuer, geh in rente moppel & nerv nicht mehr.

Ken Jebsen hat in etlichen Beiträgen den Holcaust kritisiert und auch die Leute, die ihn leugnen. Das ist sogar nachzuhören. Die Kritik an die Regierungen der Vereinigten Staaten von Amerika und Israel sind keinerlei als Antiamerikanismus und Antisemitismus abzustempeln. Es werden Vorgänge in der Politik und damit heutzutage auch in der Wirtschaft kritisiert, die den Menschen, völlig unabhängig von Nationalität und Religion, schaden. Der Holocaust war nicht der einzige Völkermord der Weltgeschichte, aber der Schrecklichste. Damit möchte ich selbstverständlich nicht die Taten der Nazis verharmlosen, sondern auf die Tötung der z.B. Indianer in Amerika hinweisen.

Sie sollten ganz vorsichtig sein! Auf Spatzen mit Kanonen schießen! Jetzt wirds auch schon früh dunkel, und Sie kommen spätabends nach Hause.... Und vergessen Sie nicht was man früher mit Anscheißern gemacht hat!

Herzlichen Glückwunsch, Herr Broder!

Tolle Leistung mit Ken Jebsen, der jetzt durch Ihre erfolgreiche publizistische Arbeit nicht nur selbst seinen Job los ist. Auch die Mitarbeiter seiner Produktionsfirma, die KenFM in den letzten zehn Jahren produziert hat, dürften sich wohl inzwischen bei der Arbeitsagentur vorgestellt haben. Das ist natürlich jetzt nicht Ihre Schuld, schon klar. Wo gehobelt wird, da fallen eben Späne, oder? Und wenn es um die (selbst)gerechte Sache geht, wen interessieren da die Konsequenzen?

Warum erkennen Sie nicht, dass Sie mit Ihren aggressiven, bissigen und auch selbstverliebten Äußerungen massiv der Haltung der Allgemeinheit gegenüber jüdischen Bürgern schaden und – wie Israel mit seinen überzogenen, neurotischen Aktionen – gerade das Gegenteil von einem entspannteren und dadurch sicheren Zusammenleben bewirken?!

108

Sehr geehrter Herr Broder,

mit Bedauern und Unverständnis habe ich ihre Reaktion bezüglich der RBB-Radiosendung mit Herrn Jebsen zur Kenntnis genommen. Seine Aussage um den PR-Gag »Holocaust« steht in konkretem Verhältnis zu dem Norman Finkelstein Buch »Die Holocaust-Industrie«. Was auch immer damals geschehen sein mag, war mit Sicherheit kein Ferienlager für hakennasige Schacherlumpen. (Schachern ist übrigens ein jüdisches Wort – wie aufschlussreich) Sicherlich sind auch ein paar Wenige an Husten, Schnupfen, Heiserkeit verstorben – wie traurig. Aber zur industriellen Vermarktung und der weltweiten PR tragen Subjekte wie Sie eifrig bei.

Denken Sie ernsthaft, dass sich diese Lüge noch länger halten kann? Die 6-Millionen-Lüge? Dann unterschätzen sie das Volk der Dichter und Denker aber gewaltig. Kein Wunder, für eine Rasse, die ausser Pornographie und entarteter Kunst nichts vorzuweisen hat. Sie können den kleinen, gelben Stern von Ihrer Jacke darauf verwetten, dass nur noch unsere Politik-Marionetten so tun, als hätten sie Mitleid mit den armen, kleinen, verfolgten Jüdleins. DAS VOLK – Leute wie ich und meine Familie, Freunde, Bekannte, Kollegen und weiss der Geier wer noch in meinem Heimatland wohnt, hasst euch Untermenschen auf eine Weise, die Sie sich nicht mal in Ihren schlimmsten Albträumen vorstellen können. Was unsere Großväter (leider) nicht Zustande bringen konnten, nämlich die restlose Ausmerzung des internationalen Judentums, werden die Urenkel mit Sicherheit zu Wege bringen. Subjekte wie Sie und ihres

Gleichen, bringen mich – einen unauffälligen, braven, ehrlichen Familienvater dazu, den tiefen Wunsch zu verspüren, auf bestialische Art und Weise foltern zu wollen. Bevor sie demnächst mal wieder Ihr dreckiges, jüdisches Schandmaul aufreissen sollten, vergegenwärtigen Sie sich bitte, dass Sie sich einem Land voll hasserfüllter Feinde befinden. Und ein letzter, gut gemeinter Rat: Mieten Sie ein paar Personenschützer. Also ich würde es tun, wenn ich wüsste, ich werde von 85 millionen Menschen gehasst.

Mit freundlichen Grüssen

HaSSerfüllt

Mittlerweile haben Sie sich sicherlich ausführlicher mit Herrn Jebsens Arbeit beschäftigt und haben gemerkt, dass Ken Jebsen kein Antisemit ist. Diese Bezeichnung würde Er, Ich und auch meine Eltern als gröbste persönliche Beleidigung empfinden. Zurecht. Weil es nicht stimmt und weil es so mit das schlimmste ist, was wir uns vorstellen können, wir nicht so sein wollten, und uns nie so verhalten haben.

Ich würde mich sehr freuen, wenn Sie den Antisemitismus Vorwurf zurücknehmen und sich bei ihm entschuldigen. Denken Sie mal drüber nach. Es wäre richtig. Denn der Vorwurf ist haltlos und deswegen sehr, sehr beleidigend und grob.

Mir ist einfach nicht klar, warum Sie sich so öffentlichswirksam ›engagieren‹. Neues Buch, lange nicht in der Presse gewesen, zu wenig Besuch auf Ihrer Webpräsenz? Was bleibt?

Der größte Lump im ganzen Land, das ist und bleibt der Denunziant.

Ich wäre Ihnen dankbar, wenn Sie ihren politischen Einfluß nicht dazu nutzen, die letzten hierzulande verbliebenen kritischen Journalisten zu rufmorden. Es ist Ihnen klar, wie unglaubwürdig die Antisemitismusvorwurf gegen Herrn Jebsen ist! MIR war auch klar, dass Jebsens engagierter Einsatz zur Offenlegung politischer Zusammenhänge irgendwann zu seiner Entfernung aus dem Radiojob führen würde.

Die Meinungsfreiheit gilt ›bei uns‹ nur noch für hirn-und harmlose Seichtigkeiten und wer zuwiderhandelt wird mundtot gemacht. Aber ausgerechnet Antisemitismus als Begründung! Jede seiner Sendungen endete mit dem Aufruf: »Lasst euch nicht hineintreiben in den Hass…«

Jede seiner Sendungen zeigt deutlich sein Erschrecken über den Zustand der Demokratie und ist getragen vom Humanismus. Nichts ist da misszuverstehen als Antisemitismus.

Wie gesagt: Sie wissen das! Wer oder was treibt sie also an? Wer bezahlt Sie für die Gefälligkeit einen unbequemen Denker und Publizisten auf so erkennbar hanebüchene Weise zu verunglimpfen?

Ich bin gerade über die ganze Jebsen-Geschichte gestolpert und habe daraufhin die umstrittene Email auf ihrer Seite achgut.com herausgesucht. Nachdem ich die Mail gelesen habe, ist für mich klar, dass Jebsen ein Spinner ist, aber kein Antisemit. Er hat den Holocaust gar nicht geleugnet. Er hat nur eine ziemlich komische Vorstellung davon, warum er stattgefunden hat.

Wow Broder Sie haben es geschafft, dank Ihnen wurde Ken Jebsen nun doch gefeuert!

Nur, ist es das was Sie wirklich wollten?!

Ich dachte immer jemand wie Sie wäre für Meinungsfreiheit!

Ich fand es immer gut, dass Sie so für Meinungsfreiheit waren, aber seit KenFM hat sich meine Meinung über Sie komplett geändert, ich halte Sie jetzt für einen Heuchler und ideologisch-zionistisch verbohrt.

Es ist erschreckend was Sie über Herr Jebsen zu sagen haben. Was mir allerdings am meisten aufstößt ist, dass Sie nicht einmal den Schneid haben sich mit Herrn Jebsen in einem Gespräch auseinander zu setzen. Das was Sie machen ist einfach nur Hetze unter Ausnutzung Ihres Bekanntheitsgrades. Leider ist das nicht wirklich strafbar aber moralisch sehr armseelig. Scheinbar ist das für Sie die einzigste Möglichkeit sich öffentlich in Szene zu setzen.

Ein wenig enttäuscht bin ich, von Ihrer Wortwahl. Es zeugt nicht von Integrität, wenn Sie derart beleidigend und verallgemeinernd »argumentieren«. Dies macht mich ehrlich gesagt sehr traurig, da es hier um Menschen geht, welche Gefühle haben, Familien haben und somit viel Leid erfahren (welche seltsamen Leute bei solchen Auseinandersetzungen auf den Plan treten, dürfte Ihnen ja bekannt sein). Es ist eine öffentliche und breite sowie personenbezogene Kampagne. Ich frage mich, wie es wohl in den beschuldigten Leuten (Ken Jebsen, Familie etc.) aussieht, wie es wohl in Ihnen aussieht (auch Sie haben von Ihnen zugesendeten Morddrohungen etc. gesprochen)? Haben Sie manchmal Angst? Mich ängstigt dies sehr.

Sie Herr Broder,

wissen ja immer genau was richtig und was falsch ist und Kritik am Vorgehen der israelischen Regierung ist immer falsch. Dass die Gründung Israel mit entschädigungsloser Enteignung einherging wissen Sie genau. Das dies jedem internationalen Recht widerspricht eben so.

Wer sich also für eine rückhaltlose und damit kritiklose Unterstützung Israel einsetzten, wer sich anmaßen den Völker ›übel zu nehmen‹ das sie Palestina als gleichberechtig erklären, wer den durch die Okkupation ausgelösten Widerstand in Gänze für unrechtmäßig erklärt, wer hundert Tote Palästinenser in Kauf nimmt um das Leben eines Einwohners Israels zu rächen, ist auch nur ein Herrenmensch, maßt sich selber an ganzen Völkern Verhalten vorzuschreiben. Rassismus war nie nur den Weißen vorbehalten es gibt auf allen Seiten und wenn einer in dem Streit ein Rassist ist, dann Sie werter Herr Broder.

Wenn das israelische Volk irgendwann in Frieden leben will, dann wird es nicht umhin kom-

men, einen Schritt nicht nur auf die Palästinenser, sondern auch auf seine Nachbarn
zuzugehen. Es wird auch nicht um die Verar-
beitung seiner Vergangenheit herum kommen, die
nicht immer so rühmlich war, wie sie das versuchen hier darzustellen. Es sind nicht nur
die Palästinenser, die sich an der Menschlichkeit vergangen haben. Ich erinnere an das bar-
barische Vorgehen christlicher Milizen in den
palästinensischen Flüchtlingslagern, - unter
Duldung und quasi Aufsicht der israelischen
Armee, und an die selbst von israelischen Soldaten und Offizieren bestätigten eindeutigen
Kriegsverbrechen. Das Vorgehen in Sabra und
Schatila im September 1982, stand den Verbrechen der deutschen Faschisten in nichts nach.
Haben sie das vergessen? Ganz sicher nicht.

Wie hat es sich eigentlich angefühlt, in Breiviks Manifest
den eigenen Namen zu nennen, ich gehe ja davon aus, dass
sie in seinem Mailverteiler standen, also das »Werk« schon
enige Stunden vor uns genießen durften, hat es Ihnen gefallen?

Hallo Herr Broder,
    eine Frage: Warum bezeichnen Sie eigentlich alles und
jeden als Antisemit? Ich versteh das nicht... Ein Antisemit ist doch jemand, der generell alle Juden hasst. Wieso
ist dann aber beispielweise jemand ein Antisemit, der die
israelische Politik und dessen Regierung kritisiert? Denn

die meisten die eben das tun, ärgern sich über die israelische Politik, nicht aber über alle Juden.

Dass Sie Ken Jebsen den Job wegnehmen wollen finde ich übrigens sehr widerlich. Ich hätte diesbezüglich mehr Toleranz von Ihnen erwartet...

Was mich wirklich brennend interessiert, ist Ihre Motivation. Was ist denn im Vorfeld geschehen, dass Ihnen dieser Herr Jebsen so unglaublich auf die Nerven geht?

Ihre Anschuldigungen gegen den Radio Moderator Ken Jebsen sind finde ich etwas haltlos. Sie als angeblicher professioneller Journalist nehmen Worte in den Mund, die man nicht einfach so sagt. Kann es sein, dass sie eine persönliche Fehde gegen Herrn Jebsen führen? Legen Sie bitte Ihre persönlichen Abneigungen gegen Herrn Jebsen zurück und sorgen Sie dafür, dass ein gutes Format wieder beim RBB gesendet wird.

Mit Irritation und Abscheu beobachte ich nun schon seit einigen Tagen den seltsamen Kampf, welchen Sie sich erblöden gegen den Radiomoderator Ken Jebsen zu führen. Sie wollen gar nichts klären, sondern nur provozieren, und das auf eine derart unsensible und polemische Art, wie es jemandem ihrer Stellung und ihres Alters kaum geziemt. Sie sollten wissen dass damit nur Aggressionen geschürt werden.

mann o mann,
    da haben sie ja eine schöne, verzeihung,
scheiße angerichtet, herr broder. wer hätte

ahnen können, dass sie mit ihrem schelmischen
aktivismus derart zerstörerische kräfte entfalten? sie vielleicht? ken jebsen eine antisemit und vielleicht noch holocaust leugner?
dümmer geht's nimmer – das wissen sie.

sie sollten sich für das verlogene, hinter-
fotzige schmierenstück, dass sie in der mail
an die rrb oberen aufgeführt haben, öffentlich
entschuldigen.

Kann sich Herr Broder noch im Spiegel sehen?? Wieviel
lange Weile muss Herr Broder haben um Grundlos und
mit falschen Thesen dafür zu sorgen das gestern (Sonntag)
auf Radio Fritz die Sendung Fritz abgesetzt worden ist. Ken
Jebsen ist ganz bestimmt nicht antisemitisch eingestellt. Hr
Broder sollte sich auf der Stelle !!!!bei Ken Jebsen, dem RBB
und allen Hörern für die Handlung entschuldigen.

Es reicht in Deutschland scheinbar schon aus falsch
zu husten damit einige Volksgruppen wieder anfangen
Grundlos zu heulen oder ein Thema haben ein Buch zu
schreiben.

Hallo Herr Broder,

mich würde mal interessieren, ob Sie einen stichhalti-
gen Beweis oder Anhaltspunkt für die Authentizität dieser Mail besitzen? Da ich mal ganz stark annehme, dass
sie nicht einfach so auf Verleumdungen Dritter reinfal-
len, würde ich mich freuen, wenn Sie diesen nachliefern
könnten, denn ich bin gerne dazu bereit, meine bisherige
Meinung über Ken Jebsen zu überdenken. Andernfalls

müsste ich wohl meine Meinung über Sie nochmal stark
überdenken...

Inwiefern können Sie sicher gehen, dass es sich bei dem
Schreiber tatsächlich um Herrn Jebsen handelt und nicht
etwa um einen verblendeten Irren, der nicht mehr alle Spei-
chen im Rad hat?

Welche Querverbindung gibt es zwischen Ihnen und der
RBB Indendanz? Ihre Art von journalistischer Arbeit
scheint mir doch sehr fraglich zu sein. Beantworten Sie
doch einfach nur meine Frage, ob sie jemals mit Herrn
Jebsen persönlich gesprochen haben?

Sie sind einfach nur widerlich, Broder...
Sie bestätigen wirklich JEDES jüdische Klischee perfekt!
Da schreiben Sie sich mit Ken Jebsen, und oho – der nimmt
ja kein Blatt vor den Mund, und nennt den Holocaust PR! –
Moment mal! Haben Sie nicht in Ihrer, ja nennen wir es ein-
fach mal Sendung, »Entweder Broder«, sich darüber aufge-
regt, dass man den Holocaust immer so zelebrieren würde,
anstatt doch lieber still zu gedenken??
Und nun stimmt Ihnen Ken Jebsen, ein Nichtjude, zu, und
Sie nutzen dies, um Ihn öffentlich zu schädigen, Ihm den
Job wegzunehmen??!! Sagen Sie mal, gehts noch??!! Schämen Sie sich!!
Aber wie ich schon zu Anfang sagte, damit bestätigen
Sie die jüdischen Klischees perfekt. Denn dem Juden wurde
seit hunderten von Jahren ja nachgesagt, dass er einen hin-
terlistigen, nur zu seinem Vorteil bedachten Charakter hat,

und wenn man nicht aufpasst sticht er einem von hinten das Messer in den Rücken – genau DAS haben Sie mit Ihrer Rufschädigung nun bestätigt – bravo, Sie tun den netten und ehrlichen Juden damit sicherlich keinen Gefallen!!

Aber Ken Jebsen war Ihnen von Anfang an ein Dorn im Auge, ich weiß… Eben weil er nicht Ihre bedingungslose Israel – und Amerikaliebe mitgespielt hat, sondern auch mal den Mut hatte, sich gegen diese beiden Verbrecherregime zu äußern.

Die Terrorlüge 9/11 (JEDER weiß, wer wirklich dahinter steckte, auch Sie wissen das, da bin ich mir sicher;), Wikileaks, Israels geplanten Angriffskrieg gegen den Iran (endlich wa? Da geht Ihnen doch einer ab, oder?), alles Themen die er anders sah als Sie.

Der hinterlistige Jude, der sich grad die Hände reibt und dabei grinst, so stell ich mir Sie gerade vor.

Naja, aber danke nochmal für die Bestätigung eines uralten Klischees ;-)

Und viel Spaß beim Rufmorden noch, mal gucken wer Ihr nächstes Opfer ist!

I know it when I see it

Über ein Jahr lang, von März 1963 bis Juni 1964, verhandelte das Oberste Gericht der USA, der Supreme Court, einen relativ belanglosen Fall: Jacobellis gegen den Bundesstaat Ohio. Der Kläger, Nico Jacobellis, war von einem Bezirksgericht wegen Verbreitung unzüchtiger Darstellungen zu einer Strafe von 2.500 Dollar verurteilt worden. Das Oberste Gericht des Staates Ohio hatte das Urteil bestätigt, woraufhin Jacobellis das Oberste Gericht der Vereinigten Staaten anrief. Gegenstand des Verfahrens war ein Film, den der Kläger in seinem Filmtheater in der Stadt Cleveland gezeigt hatte: »The Lovers« (Les Amants) von

Louis Malle mit Jeanne Moreau in der Hauptrolle, eine Geschichte über Liebe und Sex, Ehe und Ehebruch. In Frankreich war der Film ein Riesenhit, in den USA zog er nicht nur Cineasten, sondern auch Moralapostel in seinen Bann, die sich über die für damalige Verhältnisse ungemein freizügigen Stellen aufregten.

Die Richter am Supreme Court der USA entschieden schließlich zugunsten des Klägers und gaben den Film frei. Allerdings konnten sie sich weder auf eine Definition des Begriffs »Pornographie« noch auf eine gemeinsame Urteilsbegründung einigen und gaben divergierende Statements ab. Eines davon ging in die Rechtsgeschichte ein, nämlich die Erklärung von Richter Potter Stewart: »I shall not today attempt further to define the kinds of material I understand to be embraced within that shorthand description; and perhaps I could never succeed in intelligibly doing so. But I know it when I see it, and the motion picture involved in this case is not that.« (Ich werde heute nicht mehr versuchen, zu definieren, was ich als dieser Bezeichnung zugehörig betrachte; und vielleicht werde ich es nie auf nachvollziehbare Art tun können. Aber ich weiß es, wenn ich es sehe, und dieser Film gehört nicht dazu.)

»I know it when I see it« wurde in den USA schließlich zu einem geflügelten Wort. Es beschreibt die Unmöglichkeit, ein Phänomen verbindlich zu definieren, das sich freilich dem gesunden Menschenverstand, in den USA »common sense« genannt, sofort erschließt. Kein Mensch würde einen Hamburger für ein Ufo halten, obwohl beide rund sind, und niemand eine Seifenkiste für ein Auto, obwohl beide vier Räder haben. Jenseits physikalischer Einheiten wie Volt, Watt, Ampere und PS gibt es keine Definition von ewiger Gültigkeit. Und abgesehen von Mord und Totschlag auch kaum eine Straftat, die im Laufe der Zeit nicht dem Zeitgeist zum Opfer fallen würde. Bis Ende der sechziger Jahre machten sich Eltern der Kuppelei strafbar, wenn sie ihre Tochter oder ihren Sohn in der elterlichen Wohnung zusammen mit dem Freund bzw. der Freundin übernachten ließen. Umstritten war nur, ob Kuppelei vorlag, wenn es sich um volljährige Verlobte handelte. Und natürlich hatte die Gesellschaft zur Zeit von Josefine Mutzenbacher einen anderen Begriff von Pornographie als zur Zeit von Charlotte Roche.

Das Gleiche gilt auch für den Antisemitismus. I know it when I see it. Der Antisemitismus im Kaiserreich artikulierte sich anders als der in der Weimarer Republik. Nach 1945 kam es zu einem Paradox: Es gab immer noch Antisemitismus, aber keine Antisemiten mehr, denn die waren im Zuge der Entnazifizierung verschwunden. Für den Antizionismus war die Zeit noch nicht reif. Und um »Israelkritik« zu üben, war es erstens zu früh und zweitens waren die Deutschen viel zu sehr mit sich selber beschäftigt, um darüber nachzudenken, ob der Boden der deutschen Geschichte bis nach Palästina reicht. Alles zusammen führte zu der irrtümlichen Annahme, der Antisemitismus sei tot und durch die Nazis so diskreditiert, dass er nie wieder zu neuem Leben erwachen würde. Die Möglichkeit, es könnte irgendwann einen Antisemitismus nicht trotz, sondern wegen Auschwitz geben, lag außerhalb des Vorstellbaren, wie eine Landung auf dem Mond.

Erst 1982 wurde an der Technischen Universität Berlin das »Zentrum für Antisemitismusforschung« (ZfA) gegründet. Es sollte »als einziges Institut seiner Art interdisziplinär in Forschung und Lehre über Vorurteile und ihre Folgen wie Antisemitismus, Antiziganismus, Fremdenfeindlichkeit, Rassismus« arbeiten und »Dienstleistungen und Aufklärungsarbeit für die Öffentlichkeit« erbringen. 26 Jahre später kam ein neues Aufgabengebiet dazu: Am 8. Dezember 2008 veranstaltete das »Zentrum für Antisemitismusforschung« eine »wissenschaftliche Konferenz über das Verhältnis von Antisemitismus und Islamfeindlichkeit« unter dem Titel »Feindbild Muslim – Feindbild Jude«.

Damit war eigentlich alles gesagt. Ein Feindbild hatte das andere abgelöst.

Auch in der Ankündigung des Programms wurde das Ergebnis der Konferenz bereits vorweggenommen: »In den vergangenen Jahren konzentrierten sich Debatten über Antisemitismus oft auf Judenfeindschaft unter Muslimen. Anlässe waren antijüdische Propaganda in arabischen Massenmedien oder in Predigten sowie Feindbilder als Teil individueller Einstellungen unter Migranten. Gleichzeitig wurden Muslime selbst in Debatten um Moscheebauten, Zwangsehen oder das Kopftuch Ziel pauschaler Anfeindungen. Verschwörungsphantasien über eine ›Islamisierung Europas‹ wurden dabei ebenso laut wie der Vorwurf, der Islam gebiete seinen Anhängern die Täuschung der Nichtmuslime. Die Denkmuster sind aus der Geschichte des Antisemitismus bekannt und werfen die Frage auf, welche Gemeinsamkeiten Judenfeinde und Islamfeinde teilen.«

Nun kann man im Prinzip alles mit allem vergleichen:

den Ersten Weltkrieg mit einer Naturkatastrophe, Adolf Hitler mit Dschingis Khan, den Untergang der »Titanic« mit dem Absturz der »Hindenburg« und Auschwitz mit einem holländischen Hühner-KZ. Vergleichen, heißt es immer, bedeute nicht gleichsetzen.

Allerdings schweben auch unschuldige Vergleiche nicht im luftleeren Raum. Wer zum Beispiel das Verhalten der Amerikaner gegenüber den Indianern mit dem Verhalten der Deutschen im besetzten Polen vergleicht, will damit etwas sagen. Und wer das Leben der Palästinenser in Gaza mit dem der Juden im Warschauer Ghetto vergleicht – ein in den letzten Jahren sehr beliebt gewordener Topos der »Israelkritik« – will sicher nicht auf die schlechten Lebensbedingungen im Warschauer Ghetto hinaus. Die Frage, »welche Gemeinsamkeiten Judenfeinde und Islamfeinde teilen«, enthält bereits die Antwort, vor allem, wenn sie so suggestiv gestellt wird: Judenfeinde damals, Islamfeinde heute. Die einen hatten etwas gegen Juden, also Individuen, die anderen haben etwas gegen den Islam, also eine Religion. Diese Unterscheidung ist so wissenschaftlich wie die voreilige Einordnung der »Islamisierung Europas« in die Abteilung »Verschwörungsphantasien«. Nicht einmal der Gedanke, dass es so etwas geben könnte, wird zugelassen, er muss präventiv abgewehrt werden. Das Gleiche gilt für das Prinzip der »Taqiyya«, der religiös motivierten Täuschung Ungläubiger. Was ist, wenn es sie hier und da doch geben sollte? Nicht jedes »Vorurteil« ist aus der Luft gegriffen.

Zudem gehört der Antisemitismus nicht in die Kategorie der Vorurteile, sondern in die der Ressentiments. Vorurteile sind Stufen zur Urteilsbildung, korrigierbar und durch Erfahrungen revidierbar. Die feste Überzeugung der Antisemiten, Juden schlachteten zum Pessachfest Christenkinder, um aus deren Blut Matzen zu backen, war kein Vorurteil, sie gehörte vielmehr zum Bestand der Ressentiments, die durch keine Tatsache zu erschüttern waren. Die »Ritualmordlegende« hat im Laufe der Geschichte kein einziges Christenkind, dafür aber Tausenden von Juden das Leben gekostet, die überhaupt nicht verstehen konnten, wie ihnen geschah, wo doch die strengen Koscher-Regeln jede Verwendung von Blut verbieten. Jeder Versuch, diesen Umstand den Antisemiten mitzuteilen, war zum Scheitern verurteilt. So genau wollten sie es nicht wissen.

Zum Wesen eines Ressentiments gehört auch, dass ihm alles als Rechtfertigung seiner selbst dient. Der Antisemit hasst kluge Juden, weil sie klug sind, und dumme, weil sie dumm sind. Reiche Juden, weil sie Geld haben, und arme, weil sie auf Almosen angewiesen sind. Rechte Juden, weil sie dem Fortschritt im Wege stehen, und linke Juden, weil sie die Gesellschaft zersetzen. Er hasst einfach Juden, und daran, dass er sie hassen muss, sind natürlich die Juden schuld. Denn wären sie nicht da oder geblieben, woher sie gekommen sind, könnte der Antisemit ruhig schlafen. Das Vorurteil zielt auf das Verhalten, das Ressentiment aber auf die Existenz.

Wollte man nun den Antisemitismus mit der »Islamophobie«, so es denn eine gibt, vergleichen, müsste man nicht nur die Reaktionen der Antisemiten und der Islamophobiker vergleichen, sondern auch schauen, worauf sie basieren. Der Antisemitismus war und ist ein zweitausend

Jahre altes »Gerücht über die Juden« (Adorno), das mit dem Tode Jesu seinen Anfang nahm. Dass sich Theologen noch immer darüber streiten, ob es die Juden oder die Römer waren, die den Heiland ans Kreuz geschlagen haben, ist ein Witz, der bereits von Mel Brooks verfilmt wurde.

Die »Islamophobie« dagegen ist ein junges Phänomen. Der Begriff wurde von Ayatollah Khomeini erfunden, nachdem er seine Rückkehr in den Iran im Jahre 1979 mit einem Blutbad besiegelt hatte. Es war ein kluges und, wie man inzwischen sehen kann, auch ein erfolgreiches Manöver, um die Aufmerksamkeit vom Täter auf den Betrachter zu verlagern.

Den Unterschied zwischen Antisemitismus und »Islamophobie« kann man am einfachsten mit dem Unterschied zwischen dem »Ritualmord« und dem »Ehrenmord« erklären. Der »Ritualmord« existierte nur in der Phantasie des Antisemiten, sogenannte Ehrenmorde aber gibt es tatsächlich, und es sind eben nicht die üblichen Familiendramen aus Eifersucht und verweigerter Liebe, die tödlich enden, sondern Zeugnisse einer Moral, die, wie Seyran Ates sagt, ihren Sitz »zwischen den Beinen einer Frau« hat.

Das Leben der in Deutschland lebenden und nach Deutschland zugewanderten »Ostjuden« ist gut dokumentiert, sowohl in der belletristischen wie der soziologischen Literatur. Es gab unter ihnen Kaffeehausliteraten, Ärzte, Rechtsanwälte, Luftmenschen, Schauspieler, Schriftsteller, Schneider, Tagediebe, Gauner und Betrüger. Was es nicht gab, das waren »Märtyrer«, die sich in Bussen und Bahnen in die Luft sprengten, um auf das Unrecht aufmerksam zu machen, das ihnen oder ihren im Osten gebliebenen Angehörigen geschah. Es gab auch keine Demonstrationen von Juden, auf denen »Tod den Ungläubigen« gerufen wurde, und kein jüdischer Vater wäre jemals auf die Idee gekommen, eine Schule zu verklagen, damit sein Sohn einen Raum zugewiesen bekommt, in dem er seine Gebete verrichten kann.

Dafür gab es den habgierigen jüdischen Kaufmann Veitel Itzig in Gustav Freytags Roman »Soll und Haben«; es gab den wendigen »Herrn Wendriner« bei Tucholsky, einen unsympathischen jüdischen Bourgeois, der sich nur für seine Geschäfte interessierte; es gab in Gabriele Tergits Roman »Käsebier erobert den Kurfürstendamm« gerissene jüdische Theaterdirektoren, die einen naiven Volkssänger zum Star aufbauen, um ihn nach einer Saison wieder zu demontieren. Kurzum, es gab ein relativ normales Miteinander von Juden und Nichtjuden, Semiten und Antisemiten.

Heute dagegen gibt es eine Islamkonferenz beim Bundesinnenminister und eine gut geölte Integrationsindustrie, deren Mitarbeiter staunend vor der Tatsache stehen, dass viele junge Bürger mit Migrationshintergrund sich allen Bemühungen zum Trotz nicht integrieren lassen wollen. Was natürlich nicht an der Erziehung, den häuslichen Verhältnissen, dem Machowahn und der archaischen Sexualmoral liegt, sondern an der grassierenden »Islamophobie«, die ihre Objekte an der vollen Entfaltung ihrer Talente hindert.

Der – inzwischen pensionierte – Direktor des Berliner Zentrums für Antisemitismusforschung, Professor Wolfgang Benz, hat das Wesen der »Islamophobie« in einem

Beitrag für das »Jahrbuch für Antisemitismusforschung« folgendermaßen umrissen:

»Die Parallelen zu Antisemitismus und Judenfeindschaft sind unverkennbar: Mit Stereotypen und Konstrukten, die als Instrumentarium des Antisemitismus geläufig sind, wird Stimmung gegen Muslime erzeugt. Dazu gehören Verschwörungsphantasien ebenso wie vermeintliche Grundsätze und Gebote der Religion, die mit mehr Eifer als Sachkenntnis behauptet werden. Die Wut der neuen Muslimfeinde gleicht dem alten Zorn der Antisemiten gegen die Juden. Die Verabredung einer Mehrheit gegen das Kollektiv der Minderheit, das ausgegrenzt wird (einst und immer noch ›die Juden‹, jetzt zusätzlich ›die Muslime‹), ist gefährlich, wie das Paradigma der Judenfeindschaft durch seine Umsetzung im Völkermord lehrt ... Aufgabe der Antisemitismusforschung, die sich als Vorurteilsforschung begreift und Judenfeindschaft als erkenntnisleitendes Paradigma versteht, ist es, beide Phänomene in den Blick zu nehmen: Hass gegen die Juden und den Judenstaat, wie er von Muslimen artikuliert wird, und Hass gegen die Muslime, der sich der gleichen Methoden bedient, die vom christlichen Antijudaismus wie vom rassistischen Antisemitismus entwickelt werden.«

Da wird nicht mehr nur »verglichen«, es wird gleichgesetzt: »Die Wut der neuen Muslimfeinde gleicht dem alten Zorn der Antisemiten gegen die Juden.« Und im Hintergrund lauert schon der nächste »Völkermord«. Derweil hat sich in der simplifizierten Welt der Gutmenschen, die ihren Tag mit der »jungen Welt« anfangen und mit der »taz« beenden, längst die Gewissheit breitgemacht, dass »die Moslems die Juden von heute« sind. Im Internet gibt es gelbe sechseckige Sterne zu sehen, die das Wort »Moslem« in die Welt schreien. So kann man seine eigene Geschichte erfolgreich entsorgen und sich zugleich zum Retter einer bedrohten Minderheit aufschwingen, also das tun, was die eigenen Eltern nicht getan haben.

Der Hamburger Historiker Matthias Küntzel hat in einem längeren Text zur Genese des Begriffes »Islamophobie« darauf hingewiesen, dass es der Europarat war, der im Mai 2005 »erstmals ›Antisemitismus und Islamophobie‹ in einem Atemzug genannt« hat, was freilich dem »Muslim Council of Britain« nicht weit genug ging. »Tatsache ist, dass [die] Islamophobie den Antisemitismus ersetzt hat«, erklärte Imam Dr. Abduljalil Sajid, ein Leitungsmitglied des Muslim Council, wenig später auf einer OSZE-Konferenz im spanischen Córdoba. Bei dieser Gelegenheit habe er auch gesagt, Aussagen wie »Lang lebe Israel!« und »Der muslimische Fundamentalismus ist gefährlich« seien ebenfalls »islamophob«.

Küntzel, ein vorsichtig formulierender, um Ausgewogenheit und Objektivität bemühter Wissenschaftler, schreibt, niemand könne übersehen, »dass die Vorbehalte gegen Muslime auf realen, von Muslimen begangenen Verbrechen basieren, während die Feindschaft gegen Juden keine realen Auslöser hat. Ereignisse wie der 11. September oder die Ermordung des niederländischen Filmemachers Theo van Gogh haben keine Entsprechung in der jüdischen Tradition.« Das war in der Tat noch sehr zurückhaltend formuliert. Man könnte es auch direkter phrasieren. Wer eine Rede von Mahmud Ahmadinedschad gehört, die zentrale

Botschaft von Al-Kaida – »Ihr liebt das Leben, wir aber lieben den Tod« – im Ohr und in der Tagesschau einen Bericht über die von Moslems an Moslems veranstalteten Massaker im Irak und in Afghanistan gesehen hat und danach nicht »islamophob« wird, der steigt auch zu einem Tiger, der seit Tagen nicht mehr gefüttert wurde, in den Käfig, um ihm aus der Bergpredigt vorzulesen.

»Von einem Zentrum der Antisemitismusforschung, dessen Experten die Arbeit des Bundestages und der Bundesregierung und die internationalen Diskussionen beeinflussen, ist zu erwarten, dass es den Antisemitismus im Mittleren und Nahen Osten zu einem Schwerpunkt seiner Arbeit macht«, meint Küntzel. Das kann das ZfA aber nicht leisten, weil es sich lieber mit dem Antisemitismus im Kaiserreich, in der Weimarer Republik und im Dritten Reich beschäftigt. Nur auf dem Umweg über die »Islamophobie« kratzt es an der Oberfläche der Aktualität. Kritik an dieser Praxis hat der Leiter des ZfA immer als eine Art Majestätsbeleidigung zurückgewiesen, so als würde jemand aus dem Gesinde an den Manieren des Schlossherrn herummeckern. In einem Gespräch mit der »taz« nannte Wolfgang Benz Küntzels Feststellungen »völlig lachhaft«, das Ganze sei »nicht ernst zu nehmen«. Das hätten ihm auch Ilan Mor, der damalige Gesandte der israelischen Botschaft in Berlin, Lala Süsskind, die Vorsitzende der Jüdischen Gemeinde in Berlin, und der SPD-Bundestagsabgeordnete Gert Weisskirchen, Beauftragter des OSZE-Vorsitzenden zur Bekämpfung des Antisemitismus, »zugesichert«.

Irgendetwas an dieser Erklärung kam mir unkoscher vor,

roch verdächtig nach Schweinskopfsülze. Ich fragte bei Ilan Mor, Lala Süsskind und Gert Weisskirchen nach. Mor und Süsskind antworteten, sie hätten mit Benz nie über Küntzels Text gesprochen. Weisskirchen, ein höflicher Taktierer, der es sich mit niemand verderben wollte, verweigerte die Auskunft. Süsskind schickte eine Mail an Benz, in der sie sich dagegen verwahrte, von ihm vereinnahmt zu werden. Sie sei »darüber empört, diese angebliche Aussage … in der Zeitung zu lesen und sich Anfragen dazu stellen zu müssen«.

Das Pikante an Benz' Stellungnahme war, dass ausgerechnet der Leiter eines Instituts für Antisemitismusforschung sich einer Technik bediente, die zum Standardrepertoire von Antisemiten gehört – die Berufung auf jüdische Freunde und Bekannte als Alibigeber. Leider hatte er vergessen, sie vorher zu benachrichtigen.

Einige Journalisten kamen Benz zu Hilfe, unter anderem der hauseigene Antisemitismusexperte der »Süddeutschen Zeitung«. Er befand, vergleichen lasse sich »alles, was in mindestens einer Hinsicht gleich und in mindestens einer anderen Hinsicht ungleich ist«. Und: »Antiislamismus und Antisemitismus sind Formen des Ressentiments gegen Minderheiten, in der Angst vor Überfremdung und Überwältigung haben sie manches gemeinsam.«

Da balancierte der Kollege knapp am Abgrund, ohne es zu merken. Wenn man alles vergleichen kann, was in mindestens einer Hinsicht gleich und in mindestens einer anderen Hinsicht ungleich ist, dann könnte man die SZ auch mit einer Rolle Klopapier vergleichen, denn beide sind aus dem gleichen Material hergestellt und nur verschieden formatiert, also in einer Hinsicht gleich und in einer anderen ungleich. Dabei hatte der Kollege, um auf Nummer sicher zu gehen, auf den Begriff »Islamophobie« verzichtet und stattdessen »Antiislamismus« benutzt, ohne zu bedenken, dass »Islamismus« die gewaltbereite Kehrseite des friedlichen Islam ist, dass man also ruhig »Antiislamist« sein darf, ohne sich dem Verdacht der »Islamophobie« auszusetzen. – Ist halt alles a bisserl komplizierter als ein Besuch im Augustiner-Zelt auf der Wiesn.

Überhaupt ist das Thema vermint wie die Grenze zwischen Nord- und Südkorea. Dr. Juliane Wetzel vom Zentrum für Antisemitismusforschung hielt auf der besagten Konferenz einen Vortrag über den »islamisierten Antisemitismus« unter den in Europa lebenden Muslimen. Von einem »islamischen« oder »moslemischen« Antisemitismus zu sprechen, schien ihr offenbar zu gewagt. Dieser »islamisierte« Antisemitismus, so Frau Dr. Juliane Wetzel, habe sich erst in jüngster Zeit »aufgrund von Erfahrungen im Einwanderungsland« entwickelt und sei eine »Reaktion auf soziale Ausgrenzung und Chancenlosigkeit auf dem Arbeitsmarkt«. Ja, das hat sie gesagt, und vermutlich hat sie es auch so gemeint. Womit sie die Träger des »islamisierten« Antisemitismus von jeder Verantwortung freisprach und die Schuld mal wieder der Gesellschaft zuschob. Frau Wetzel vergaß nur zu erklären, warum ein Jugendlicher, der soziale Ausgrenzung und Chancenlosigkeit auf dem Arbeitsmarkt erlebt, ausgerechnet zum Antisemiten wird. Warum fängt er nicht an, die polnischen Schwarzarbeiter, die Radfahrer, die Vegetarier oder Frauen mit Doktortitel für seine Misere verantwortlich zu machen? Warum, mal wieder, die Juden?

Die Antisemitismusforscher hinken nicht nur dem Gegenstand ihrer Mühen hinterher, sie haben das gleiche Problem wie eine Katze, die Mäuse jagen soll. Die Mäuse geben das Tempo und die Richtung vor. Und würden die Antisemitismusforscher endlich die magische Formel finden, wie man Antisemiten rehabilitiert, könnten sie ihre Forschungszentren zumachen. Sie können nicht einmal erklären, wie es denn kommt, dass immer mehr Mittel und mehr Personal für die Aufklärung über und den Kampf gegen Antisemitismus bereitgestellt, immer neue Initiativen gegründet werden – und dass alle diese Anstrengungen keine Wirkung zeigen. Man kann eben eine schwere Psychose nicht durch Handauflegen heilen.

Am Ende sind auch hauptamtliche Antisemitismusforscher nicht davor gefeit, Opfer einer »déformation professionelle« zu werden, wie zum Beispiel Psychiater, die irgendwann anfangen, die Patienten zu verachten, die sich in ihre Behandlung begeben.

Anfang 2010, den Ruhestand schon vor Augen, veröffentlichte Benz in der »Süddeutschen Zeitung« einen Text über »Feindbilder« als »Produkte von Hysterien«. Als »das klassische Beispiel« einer Feindbild-Konstruktion nannte er die »Protokolle der Weisen von Zion«, ein antisemitisches Pamphlet vom Ende des 19. Jahrhunderts, »das eine jüdische Weltverschwörung belegen sollte«. Wer sich freilich, so Benz, »über die Borniertheit der Judenfeinde entrüstet, muss aber auch das Feindbild Islam kritisch betrachten«, es sei »ein Gebot der Wissenschaft, die Erkenntnisse, die aus der Analyse des antisemitischen Ressentiments gewonnen wurden, paradigmatisch zu nutzen«.

Diese paradigmatische Nutzung des antisemitischen Ressentiments bei der Betrachtung des Feindbildes Islam, so Benz, weise »historische Parallelen« zur Gegenwart auf: »Derzeit wird der Islam gedanklich mit Extremismus und Terror verbunden, wodurch alle Angehörigen der islamischen Religion und Kultur mit einem Feindbild belegt und diskriminiert werden sollen.« Dabei gehe es aber »nicht mehr um die Emanzipation von Juden, sondern um die Integration von Muslimen«.

Dem könnte man erstens ganz sachlich entgegenhalten, dass der Islam nicht »gedanklich«, sondern faktisch mit Extremismus und Terror verbunden wird, wozu einige Moslems wesentlich beigetragen haben – in New York und London, in Madrid und Mumbai, auf Bali und Djerba, nur um einige der Mega-Events aus dem Programm der Terroristen zu nennen. Zweitens gibt es einen sehr wesentlichen Unterschied zwischen der Emanzipation der Juden und der Integration von Muslimen: Die meisten Juden wollten sich emanzipieren, ohne dass für sie ein engmaschiges Sozialnetz ausgebreitet wurde; viele Moslems wollen sich nicht integrieren, obwohl ihnen eine Armee von Integrationshelfern rund um die Uhr mit Rat und Tat unter die Arme greift. Die Juden waren auf sich allein gestellt. Sie mussten sich assimilieren oder sie blieben sozial und ökonomisch auf der Strecke. Die Moslems wandern in ein Sozialsystem ein, das nichts von ihnen verlangt. Es hat auch noch nie einen »Integrationsgipfel« im Kanzleramt gegeben, der sich mit den Nöten der eingewanderten Polen, Russen und anderen Osteuropäern beschäftigte, und keine Deutsche

Zen-Buddhismus-Konfuzianismus-Hinduismus-Konferenz beim Innenminister, an der die Vertreter der verschiedenen asiatischen »Communities« teilnahmen. Von einem Wissenschaftler, der so entschieden sein Recht verteidigt, die »Islamophobie« mit dem Antisemitismus, Bananen mit Rüben und Militärkapellen mit Kammermusikensembles vergleichen zu dürfen, sollte man erwarten, dass er solche kleinen paradigmatischen Differenzen nicht übersieht.

Man könnte sich mit dem Gedanken trösten, dass Antisemitismusforscher keine Ahnung vom Antisemitismus haben und nur Theorien auf ihre Belastbarkeit prüfen. Das wäre nicht weiter schlimm, denn auch die meisten Ökonomen wissen nicht, wovon sie reden. Sie erklären uns heute, was gestern passieren musste, aber sie sagen uns nicht, was morgen passieren wird. Schon in der DDR hat man darüber gewitzelt, dass man die Vergangenheit viel leichter vorhersagen kann als die Zukunft. Aber das wäre eine zu harmlose Erklärung für eine solche Fehlleistung wie die Parallelisierung von Antisemitismus und »Islamophobie«.

Das »Es« denkt auch in Antisemitismusforschern. Und es hat von dem ewigen Holocaust-Gejammer der Juden die Nase ebenso voll wie der Rest der Gesellschaft. Inzwischen hat sich der Holocaust von einem Fluch in ein Privileg verwandelt, um das die Juden beneidet werden. Andere Opfer der Geschichte wollen nicht auf die hinteren Plätze verwiesen werden. Die Deutschen hatten den Bombenholocaust, die Palästinenser die »Nakba«, die Afrikaner den Sklavenhandel. Aber die Juden tun immer so, als wären sie etwas Besonderes, weswegen etwa 36 Prozent der Deutschen der Ansicht sind, dass die Juden aus der Vergangenheit und dem Holocaust »ihren Vorteil ziehen« (Wilhelm Heitmeyer: »Deutsche Zustände«, Band 10).

Auch wenn Benz und seine Kollegen bestreiten, den Holocaust zu banalisieren und zu relativieren – genau das tun sie. Man kann mit guten Gründen die Singularität des Holocaust in Frage stellen und auf Armenien, Kambodscha, Ruanda und andere Völkermorde verweisen. Aber den Antisemitismus mit der »Islamophobie« auf eine Stufe zu stellen und sich dabei auf »strukturelle Ähnlichkeiten« zu berufen, ist so frivol, als würde man die Zahl der Verkehrstoten mit den Opfern von Terroranschlägen verrechnen – was in der Tat immer wieder geschieht.

Inzwischen findet beinahe jede Woche irgendwo eine Tagung, ein Seminar oder eine Diskussion über »Antisemitismus und Islamophobie« statt. Das Thema verdankt seine Popularität nicht den Nöten der Muslime, sondern dem Bedürfnis der Gesellschaft, historischen Ballast abzuwerfen. Wird der Antisemitismus auf das Ausmaß der »Islamophobie« abgespeckt, dann ist eigentlich nichts passiert, dessen man sich lange schämen müsste. Andererseits: Wenn die Moslems die Juden von heute sind, so gibt uns das die Chance, die Geschichte zu korrigieren, ein zweites Auschwitz zu verhindern. So hat sich der Leiter des Berliner Zentrums für Antisemitismusforschung mit seinen Beiträgen zur »Islamophobie« um die Antisemitismusverharmlosung verdient gemacht. Gegen Ende seiner Amtszeit gab er sogar einer antisemitisch-islamistischen Webseite ein Interview, in dem er sich über die »Rufmordkampagnen« beklagte, die gegen ihn »losgetreten wurden«. Dabei kam Benz seinem Interviewer weit entgegen: »Antisemitismus ist grundsätzlich etwas anderes als Antizionismus.« Und: »Man muss eine Feindschaft gegen den Staat Israel, gegen die Existenz des Staates Israel und eine Feindschaft gegen Juden unterscheiden.«

Respekt! Um derart distanziert und ungerührt zwischen der Feindschaft gegen den Staat der Juden und der Feindschaft gegen Juden unterscheiden zu können, muss man wohl 21 Jahre lang ein Institut zur Erforschung der Judenfeindschaft geleitet haben.

NIE WIEDER KRIEG FÜR ISRAEL!

Hakenkreuz und Davidstern

Stellen Sie sich einmal Folgendes vor: Sie leben in einem Mehrfamilienhaus, zwei-, dreimal im Jahr treffen sich die Besitzer und Mieter der Wohnungen, um über Fragen von allgemeinem Interesse zu beraten: Reparaturen, Rücklagen, Einkauf von Heizöl, Probleme mit der Müllabfuhr und was sonst noch so anfällt, wenn man Tür an Tür wohnt und sich das Treppenhaus teilt.

Außerdem steht noch ein Punkt auf der Tagesordnung: Ob Sie Ihre Wohnung räumen und wegziehen sollten oder ob man den Status quo im Hause akzeptieren und Ihr »Wohnrecht« anerkennen sollte. Da die Meinungen geteilt sind, kommt keine klare Mehrheit zustande. Auch der Kompromissvorschlag – Sie könnten bleiben, wenn Sie noch eine bis zwei Familien in ihre Wohnung aufnähmen – führt zu keiner Entscheidung. Bei der nächsten Hausversammlung soll der Punkt wieder auf die Tagesordnung kommen.

Was würden Sie in einem solchen Fall tun? Sich bewaffnen und verbarrikadieren? Oder packen und flüchten? Nein, es ist keine hypothetische Frage, und je eher Sie sich eine Antwort überlegen, umso besser für Sie.

Ende November 2010 fand in Stuttgart eine dreitägige »Palästina-Solidaritätskonferenz« statt, organisiert vom »Palästinakomitee Stuttgart«. Schirmfrau der Konferenz war die Rechtsanwältin Felicia Langer, die viele Jahre Palästinenser vor israelischen Gerichten verteidigt hatte, bis sie zeitgleich mit dem Zusammenbruch des Kommunismus in Osteuropa ihre Anwaltspraxis und ihre Ämter in der israelischen KP aufgab und nach Deutschland zog, um hier Zeugnis abzulegen von der Brutalität der israelischen Politik. Wegen ihrer Verdienste im Kampf »für Frieden und Gerechtigkeit sowie für die Wahrung der Menschenrechte« wurde sie 2009 von Bundespräsident Köhler mit dem Bundesverdienstkreuz Erster Klasse ausgezeichnet.

Unter den über 200 Teilnehmern der Stuttgarter Palästina-Konferenz waren Mitglieder der vielen Palästinakomitees, die es inzwischen in fast jeder Stadt gibt, einige Nahostexperten und auch ein paar »Prominente«, wie Evelyn Hecht-Galinski, die sich noch mit über 60 als die »Tochter von Heinz Galinski, dem ehemaligen Vorsitzenden des Zentralrates der Juden« vorstellt, der emeritierte Hamburger Juraprofessor Norman Paech und die Linke-Abgeordnete Annette Groth, die wie Paech (»Für mich war das wie auf einem Basar«) versucht hatte, mit dem türkischen

Schiff »Mavi Marmara« Ende Mai 2010 die israelische See-blockade des Gaza-Streifens zu durchbrechen (»Da saßen etliche Gruppen auf Deck und haben gesungen«).

In der Einladung zu der Konferenz wurde auf die »nationalsozialistische Vergangenheit« Deutschlands Bezug genommen – »gerade diese Geschichte fordert von uns ein besonders hohes Verantwortungsbewusstsein im Umgang mit den Menschenrechten und wenn es um Vertreibungen und ethnische Säuberungen geht« – und das Ergebnis der Konferenz vorweggenommen: »Auf unserer Konferenz wollen wir den Ursachen für die unheilvolle Entwicklung im sogenannten Nahostkonflikt nachgehen. Wir wollen die Perspektiven der Ein-Staaten-Lösung untersuchen, die wir für das humanste und realistischste Modell halten.«

Nun muss man das Bekenntnis zum Verantwortungsbewusstsein im Umgang mit den Menschenrechten angesichts der deutschen Geschichte nicht von vornherein als hohle Phrase verwerfen. Aber aufgrund von weltweit etwa 44 Millionen Flüchtlingen im Jahre 2011 hätte dieses Verantwortungsbewusstsein viele Möglichkeiten, sich zu entfalten. Allein der Bürgerkrieg in Sri Lanka, dem früheren Ceylon, dauerte 26 Jahre. Als er im Mai 2009 mit einer Offensive der Regierungstruppen beendet wurde, hatten 80.000 bis 100.000 Menschen ihr Leben und noch viel mehr durch Vertreibung und ethnische Säuberung ihre Heimat verloren. Warum also fand in Stuttgart keine Sri-Lanka-Solidaritätskonferenz statt?

Die Palästina-Konferenz ging mit einer ellenlangen »Stuttgarter Erklärung« zu Ende, die sich wie eine Erklärung des ZK der KPdSU zur internationalen Solidarität im

Kampf gegen den Imperialismus liest. Man habe sich auf »Strategien und Zielvorstellungen« verständigt, die man »gemeinsam verfolgen« wolle. Wie schon in der Einladung zu der Konferenz angekündigt, habe man sich schließlich für die »Ein-Staaten-Lösung« entschieden, denn: »Das Festhalten an der Zwei-Staaten-Lösung verurteilt die PalästinenserInnen mit israelischer Staatsangehörigkeit dazu, als Bürger zweiter Klasse in ihrem angestammten Land zu leben, in einem rassistischen Staat, der ihnen nicht dieselben Rechte wie den jüdischen BürgerInnen gewährt. Außerdem würde das Fortbestehen eines zionistischen Staates den palästinensischen Flüchtlingen aus dessen Territorium das international anerkannte Recht auf Rückkehr verwehren.«

Immerhin, einen Mangel an Ehrlichkeit, oder, wie Christian Wulff sagen würde: Gradlinigkeit, kann man den Verfassern der Stuttgarter Erklärung nicht vorwerfen, machen sie doch klar, dass es ihnen weniger um ein Ende der Besatzung und das Recht der Palästinenser auf Selbstbestimmung geht als darum, das »Fortbestehen« eines »zionistischen Staates« zu beenden: »Am Ende der Diskussion bestand weit gehendes Einvernehmen darüber, dass nur die Schaffung eines gemeinsamen, säkularen und demokratischen Staates auf dem historischen Palästina mit gleichen Rechten für alle Frieden und Gerechtigkeit für PalästinenserInnen und Israelis bringen kann – ein Staat, in dem alle Menschen, gleich welcher Religion und Herkunft, gleichberechtigt zusammenleben. Dies schließt selbstverständlich die aus dem Land vertriebenen PalästinenserInnen mit ein (Einlösung der Resolution 194 der UN-Vollversammlung).«

Unabhängig von den praktischen Problemen, einen »gemeinsamen, säkularen und demokratischen Staat« mit Partnern wie der Hamas, dem Islamischen Dschihad und den Al-Aksa-Brigaden zu errichten, die für ihre demokratische und säkulare Tradition berühmt sind, müsste, wenn es um das »historische Palästina« geht, auch das heutige Jordanien einbezogen werden, aber so viel Detailkenntnis darf man von Leuten, die bei Schupfnudeln und Sauerkraut den Nahen Osten neu einteilen wollen, nicht erwarten.

Natürlich ist es völlig wurscht, was die Teilnehmer der Palästina-Konferenz beschließen, ob sie die »Ein-Staaten-Lösung« für Palästina durchsetzen oder den Rhein und die Elbe zusammenlegen. Aber: Entscheidend ist nicht das anvisierte Ziel, sondern die Absicht, die zugrunde liegt. Sie wollen nicht spielen wie Kinder bei Monopoly, sie meinen es ernst. Wobei es sie nicht juckt, dass inzwischen jede zweite Ethnie, von den Kosovaren bis zu den Osttimorern, ihren Anspruch auf Selbstbestimmung durchgesetzt hat, während die Israelis und die Palästinenser auf Beschluss der Stuttgarter Palästina-Konferenz unter ein Dach gezwungen werden sollen.

Was ist es, das erwachsen wirkende Menschen so kindisch agieren lässt? Kommen sie sich nicht selbst albern vor? Nein, tun sie nicht. Sie nehmen ihre eigenen Halluzinationen für bare Münze, angetrieben von der Kraft ihres Wunschdenkens. Israel muss weg, von der Landkarte oder von den Seiten der Geschichte, mit Hilfe des iranischen Präsidenten oder auf dem Umweg über die Rückkehr von Millionen »Flüchtlingen«, egal, Hauptsache weg.

Anders als die Mainstream-Antizionisten der bürgerlichen Mitte, die Tagungen der Evangelischen Akademien besuchen und Studienfahrten nach »Palästina« unternehmen, um ihre Schuldgefühle gegenüber den Juden loszuwerden, hat die Linke noch ein weiteres Motiv, sich das Ende Israels zu wünschen.

Der Zionismus ist ein Kind des 19. Jahrhunderts. Schon vor Theodor Herzl, der als Begründer des politischen Zionismus gilt und dessen Schrift »Der Judenstaat – Versuch einer modernen Lösung der Judenfrage« 1896 erschien, gab es »zionistische« Entwürfe und »zionistische« Projekte. Eine Gruppe junger Juden aus Russland reiste 1882 nach Palästina, um die Siedlung Rischon le Zion (Die Ersten in Zion) zu gründen, heute eine Stadt mit einer Viertelmillion Einwohnern südöstlich von Tel Aviv. Im selben Jahr schrieb Leo Pinsker, Arzt aus Odessa, das Buch »Autoemanzipation. Mahnruf an seine Stammesgenossen von einem russischen Juden«, in dem er erstaunlich modern argumentierte. Das Tun und Treiben der Judenfeinde sei nur Ausdruck ihrer eigenen Psychose, die sich seit 2000 Jahren weitervererbe. Das Einzige, was die Juden dagegen tun könnten, wäre, die eigene »widernatürliche Lage« zu beseitigen und sich eine Heimat zu schaffen, um mit den anderen Nationen gleichzuziehen. Der Wiener Schriftsteller Nathan Birnbaum veröffentlichte 1893 seine Schrift »Die nationale Wiedergeburt des jüdischen Volkes in seinem Land als Mittel zur Lösung der Judenfrage. Ein Appell an die Guten und Edlen aller Nationen«. Er war es auch, der den Begriff »Zionismus« geprägt hat.

Der Zionismus lag also in der Luft, ebenso wie der Sozialismus. Viele Zionisten waren Sozialisten. Es gab im Zionismus genauso viele Strömungen wie im Sozialismus: Revolutionäre und Reformisten, Pragmatiker und Träumer, Idealisten und Realisten. Zionismus und Sozialismus sind enge Verwandte.

Aus der Distanz von über 100 Jahren betrachtet, ist der Zionismus das einzige sozialistische Experiment, das nicht gescheitert ist. Alles, was vom Sozialismus übrig blieb, sitzt heute in Kuba im Gefängnis oder leidet Hunger in Nordkorea. Israel ist zwar über seine sozialistischen Gründerjahre längst hinaus, aus den Kibbuzim, in denen die Armut gerecht verteilt wurde, sind ziemlich elegante Wellness- und Hightechbetriebe geworden, die Gewinne erwirtschaften. Aber die Ursprünge sind nicht zu leugnen und die gesellschaftlichen Folgen noch heute spürbar – im Gesundheitswesen, bei den Gewerkschaften, in den Bus-Kooperativen.

Für diejenigen, die sich an die Idee des Sozialismus klammern, ist Israel eine unerträgliche Provokation. Ein Haufen von Bankrotteuren und Bruchpiloten, die noch immer über den »richtigen Weg« zum Erfolg streiten, fühlt sich durch ein kleines, aber prosperierendes Unternehmen blamiert. Nur weil sie es nicht geschafft haben, soll Israel auch gegen die Wand fahren bzw. gefahren werden. Aus den gleichen Gründen predigen Zölibatäre die sexuelle Enthaltsamkeit, Abstinenzler die Askese bei Alkohol und Vegetarier den Verzicht auf Fleisch.

Die Leiden der Palästinenser, die Gefahr für den Weltfrieden, die Ungerechtigkeiten innerhalb der israelischen Gesellschaften sind nur Ausreden und Vorwände. Deswegen schweigt die pazifistisch-antiimperialistische Linke zu dem Blutbad in Syrien, wenn sie nicht gerade damit beschäftigt ist, das vorzeitige Ableben von Osama bin Laden zu beklagen oder zärtliche Nachrufe auf Muammar al-Gaddafi zu verfassen. Nur wenn es um Israel und die Palästinenser geht, wacht sie aus ihrem Koma auf, um Aufrufe und Stellungnahmen zu produzieren.

Alle europäischen Linksparteien haben ein Problem mit Israel, je linker, umso stärker. Die deutsche Linkspartei tut sich dabei besonders schwer, denn auf ihren Schultern lasten gleich zwei Hypotheken: das deutsche Schuldgefühl und der linke Neidkomplex. Die Mischung hat es in sich.

Am 18. Mai 2011 erschien in der »Frankfurter Rundschau« ein Artikel des Bremer Journalisten Jan Philipp Hein über eine noch unveröffentlichte Studie, die sich mit dem Antisemitismus und den Antisemiten in der Linkspartei beschäftigte: »Antisemiten als Koalitionspartner?« Auch in diesem Fall wäre es genug gewesen, sich auf das Urteil des US-Richters Potter Stewart zu beziehen: »I know it when I see it.« Kein Mensch käme auf die Idee, eine Studie über den Gestank von Harzer Käse zu schreiben, aber die Verfasser der Studie, zwei Sozialwissenschaftler, wollten es ganz genau wissen und das Offensichtliche empirisch untermauern. Das Ergebnis ihrer Studie fassten sie in dem Satz zusammen, »im parlamentarischen Spektrum der bundesdeutschen Linken« habe sich inzwischen »eine Kraft etabliert, die antisemitische Positionen in ihren Reihen toleriert«. Eine sehr moderate Formulierung angesichts der »Vorfälle« in der Linkspartei.

Dabei war seit der Fertigstellung der Studie noch einiges passiert, das die Autoren nicht berücksichtigen konnten. So war zum Beispiel auf einer Internetseite des Duisbur-

ger Kreisverbandes der Linkspartei ein Flugblatt aufge-
taucht, in dem vom »sogenannten Holocaust« die Rede
war, illustriert mit einer Zeichnung, auf dem das Haken-
kreuz und der Davidstern miteinander verschmelzen. Der
Kreisverband distanzierte sich umgehend und sprach von
»Verleumdung«. Es könne sich nur um eine Aktion von
Provokateuren handeln, die den guten Ruf der Duisburger
Linken zerstören wollten. Dabei war der längst ruiniert,
und zwar durch den Vorsitzenden der Fraktion der Linkspartei im Duisburger Rathaus, Herrmann Dierkes persönlich. Er hatte zum Boykott israelischer Waren aufgerufen,
bei einer Diskussion von der »läppischen Frage« nach dem
Existenzrecht Israels gesprochen und in einem anderen
Zusammenhang »Mittel und Methoden« der Israelis ange-
prangert, »die verdammt nahe dran sind an dem, was die
Nazis in den dreißiger Jahren getrieben haben«.

Fairerweise zitierte Hein in seinem Artikel auch andere Stimmen, so den ehemaligen Landesvorsitzenden
der Berliner Linkspartei, Stefan Liebich (»Ich wünsche
mir, dass sich die Spitzen von Partei und Fraktion schneller und deutlicher von solchen Dingen distanzieren«) und
den Chef der Linksfraktion im Thüringer Landtag, Bodo
Ramelow, der seinem »Parteifreund« Dierkes bescheinigte,
dass der sich »das Verschwinden der jüdischen Bevölkerung im Nahen Osten eher wünscht oder es billigend in
Kauf nimmt«.

Heins Beitrag löste eine Welle der Empörung aus. Die
Studie sei »unwissenschaftlich«, die beiden Verfasser un-
qualifiziert und mehr oder weniger heimliche Israel-Sym-
pathisanten. Gregor Gysi wies den Vorwurf der Israel- und

Judenfeindlichkeit in seiner Partei entschieden zurück und nannte die Ergebnisse der Studie, ohne sie gelesen zu haben, »schlicht Blödsinn«, denn: »Kritik an der Politik der israelischen Regierung ist kein Antisemitismus.« Und er fügte hinzu: »Im Übrigen führe ich sehr intensive Gespräche innerhalb und außerhalb der Linken mit dem Ziel, baldmöglichst einen gerechten Frieden in Nahost zu erreichen mit einem Staat Israel in sicheren Grenzen und einem lebensfähigen palästinensischen Staat.« Der Vorsitzende der Linkspartei, Klaus Ernst, der an den von Gysi geführten »intensiven Gesprächen innerhalb und außerhalb der Linken mit dem Ziel, baldmöglichst einen gerechten Frieden in Nahost zu erreichen«, offenbar nicht teilnehmen durfte, brachte sich ebenfalls in Stellung: »Wir brauchen keine Belehrungen von außen. Gegen Antisemitismus zeigen wir klare Kante.« Er vergaß freilich zu sagen: Aber nur gegen den Antisemitismus der anderen.

Als im März 2011 Aktivisten des Bremer Friedensforums vor einem Supermarkt zum Boykott israelischer Produkte aufriefen, fühlten sich sogar die Landesvorsitzenden der Linkspartei an die Nazi-Kampagne »Kauft nicht bei Juden!« erinnert, wirkte doch die Demonstration wie die Re-Inszenierung einer SA-Aktion im Jahre 1938. Dennoch, befanden sie, seien Boykottaktionen gegen Israel »nicht antisemitisch«, die Kritik an der Aktion taten sie als »böswillig« und »völlig überzogen« ab.

So viel unheilbar gesundes Gewissen wurde nur noch von einer Erklärung übertroffen, die der Parteivorstand der Linken am 21. Mai 2011 ohne Gegenstimmen verabschiedete. Darin hieß es unter anderem:

»Es gehört zum Bestand LINKER Grundpositionen, gegen jede Form von Antisemitismus in der Gesellschaft vorzugehen. Rechtsextremismus und Antisemitismus haben in unserer Partei heute nicht und niemals einen Platz. DIE LINKE tritt – wie auch die Demonstration am 19. Februar 2011 in Dresden wieder beispielhaft zeigte – mit Partnern entschieden gegen antisemitisches Gedankengut und rechtsextremistische Handlungen auf. Beschlusslage der LINKEN ist, ›dass Deutschland wegen der furchtbaren Verbrechen der Deutschen an den Jüdinnen und Juden während des Nationalsozialismus eine besondere Verantwortung gegenüber Israel und gegen jede Art von Antisemitismus, Rassismus, Unterdrückung und Krieg hat. Diese Verantwortung ist nicht relativierbar; sie schließt das Bemühen um einen palästinensischen Staat und die Garantie des Existenzrechtes Israels ein. Wir sehen uns in einer Doppelverantwortung und sind mit den Menschen in Israel und Palästina solidarisch. Eine einseitige Parteinahme in diesem Konflikt wird nicht zu seiner Lösung beitragen.« (Aus dem Beschluss der Fraktion DIE LINKE im Deutschen Bundestag vom 20. April 2010)

Beinah hätte es die Linkspartei per »Beschlusslage« geschafft, den Antisemitismus aus der Welt zu schaffen, wenn nicht einige ihrer Ehrenpalästinenser den Appell von Gregor Gysi überhört hätten, »bei bestimmten Argumenten vorsichtiger zu sein«, das heißt, nicht auf antisemitische Ausfälle zu verzichten, sondern den Tonfall zu mäßigen, um in der Öffentlichkeit nicht unangenehm aufzufallen. So rief die Abgeordnete Inge Höger auf einer »Palästina-Konferenz« in Wuppertal den Delegierten zu: »Menschlich bleiben bedeutet für mich auch, dass das Verbrechen des Holocaust nicht weiter dazu missbraucht werden darf, Kritiker von Besatzungspolitik mundtot zu machen.«

Ja, das musste mal gesagt und den Juden, die den Holocaust »missbrauchen«, unter die Nasen gerieben werden. Intellektuell mag Inge Höger ein Glühwürmchen in der Nacht sein, als Fachfrau für das Menschliche ist sie nicht zu übertreffen.

Am 25. Mai 2011 wurde in einer Aktuellen Stunde des Bundestages über die Linke und den Antisemitismus diskutiert. Hans-Peter Uhl, CDU, warf der Linken eine »Doppelstrategie« vor. Auf der einen Seite warne Gregor Gysi vor dem Antisemitismus, während sich auf der anderen Seite Politiker der Linken »als Antisemiten immer wieder in Erscheinung bringen«. Christian Lange, SPD, erklärte, man dürfe nicht länger hinnehmen, dass »unter dem Deckmantel der Israel-Kritik antisemitische Vorurteile oder antisemitische Kampagnen salonfähig werden«. Volker Beck, Grüne, räumte ein, dass es auch in anderen Parteien »Problemfälle« gegeben habe, in denen Politiker »Dinge gesagt haben, die inakzeptabel sind, historisch falsch, rassistisch, widerlich, und die man zurückweisen muss«. Bei der Linkspartei seien es aber »keine Einzelfälle«.

Am Ende der Debatte ergriff Luc Jochimsen, Die Linke, das Wort, um noch einmal auf die »Beschlusslage« hinzuweisen: Man habe, sagte sie, »ein für alle Mal beschlossen«, dass Deutschland wegen der Verbrechen der Deutschen an den Juden während des Nationalsozialismus eine »besondere Verantwortung gegenüber Israel und gegen jede Art von Antisemitismus, Rassismus, Unterdrückung und Krieg« tragen würde.

Eher würde ein Mitglied des Vorstandes der Linkspartei zugeben, dass die DDR doch ein Unrechtsstaat war, als dass er beziehungsweise sie sich einer Diskussion über die Varianten linken Antisemitismus stellen würde. Gab's nicht, gibt's nicht, kann's nicht geben. So wie es in der DDR niemals Armut, Alkoholismus, Arbeitslosigkeit, Prostitution und Neonazis gegeben hat, so gibt es heute in der Linkspartei keinen Antisemitismus. Wer es doch behauptet, der verbreitet »Frechheiten«.

In einem Interview mit der »jungen Welt«, in der heute mehr IMs mitarbeiten als vor der Wende, sagte die Abgeordnete Christine Buchholz über den Entwurf für ein neues Programm der Linkspartei: »Der Programmentwurf sagt dem Antisemitismus, antimuslimischem Rassismus und jeder anderen Form des Rassismus den Kampf an. Auf die aktuelle Kampagne gegen die Partei, in der man unsere Kritik an der Politik Israels zum Antisemitismus umdichtet, gehen wir allerdings nicht ein. Zu diesen Frechheiten haben wir am Wochenende eine eigene Erklärung verabschiedet.«

Wie man an diesem Beispiel erkennen kann, hat es der Linkspartei wenig genutzt, dass sie sich seit der Wende zweimal umbenannt hat, um ihre Herkunft aus dem Sumpf des Totalitarismus zu verschleiern. Wie man einen Pferdeapfel auch dreht und wendet, wie man ihn verpackt und etikettiert, es wird aus ihm keine Rumkugel. Die Linke in der Bundesrepublik wird sich auch nie von der Vorstellung lösen, Antisemitismus sei nur das, was die Nazis den Juden angetan haben. So ein Schritt käme einer Selbstentleibung gleich und würde die Linke, zumindest partiell, auf eine Stufe mit der Rechten setzen, die übrigens nie ein Monopol auf den Judenhass hatte.

Wenn ein Nazi in den dreißiger Jahren auf einer NSDAP-Demo gebrüllt hat: »Juden raus aus Deutschland!«, dann war er ein Antisemit. Wenn ein Linker heute auf einer Palästina-Demo brüllt: »Zionisten raus aus Palästina!«, dann ist er kein Antisemit, sondern ein braver Antizionist, der einen Beitrag zu einer gerechten Lösung des Nahostkonflikts leisten möchte, wie Frau Höger, die auf der 9. Konferenz der Palästinenser in Europa – »Die Generation der Rückkehr kennt ihren Weg« – Anfang Mai 2011 in Wuppertal über eines der vielen Abkommen, die zwischen der Fatah und der Hamas geschlossen wurden, ganz aus dem Häuschen geriet: »Dieses Abkommen ist ein großer Schritt für die Palästinenser und Palästinenserinnen. Die Behauptung der israelischen Regierung, es gebe keinen Partner für den Frieden auf palästinensischer Seite, ist damit nicht mehr haltbar ... Das Abkommen ist gut für die Palästinenserinnen und Palästinenser, es ist aber auch gut für die Menschen in Israel, es bietet großartige Chancen für die Menschen in Israel.«

Leider hatte es Frau Höger versäumt, sich mit ihren Freunden von der Hamas abzusprechen. Die schätzten die Situation ganz anders ein. Der außenpolitische Sprecher der Hamas, Osama Hamdan, gab in aller Ehrlichkeit bekannt, welche »großartigen Chancen« das Abkommen für die »Menschen in Israel« bietet und wie er sich das »Recht auf Rückkehr« vorstellt, nämlich so: »I think that we are entering the phase of the liberation of Palestine. When we talk about the liberation of Palestine, we are talking about the notion of return: the return of the refugees to their homeland, and the return of the Israelis to the countries from which they came.« (Ich glaube, wir treten in die Phase der Befreiung Palästinas ein. Wenn wir von der Befreiung Palästinas reden, reden wir von Rückkehr: der Rückkehr der Flüchtlinge in ihre Heimat und der Israelis in die Länder, aus denen sie gekommen sind.)

Das hätte auch Frau Höger wissen können, wenn sie es nur hätte wissen wollen. Aber warum sollte sie? Das Vieldeutige, das Verklausulierte, das Verschwiemelte gehört zum Wesen einer Partei, die im letzten Bundestagswahlkampf mit den Parolen »Reichtum für alle!« und »Reichtum besteuern!« zugleich auf Stimmenfang ging. Und auch in der Antisemitismus-Frage gab sie sich jede Mühe, es allen recht zu machen.

Am 7. Juni 2011 fasste die Fraktion der Linkspartei »einstimmig«, das heißt ohne Gegenstimmen, einen Beschluss, in dem die Mitglieder der Bundestagsfraktion feierlich gelobten: »Wir werden uns weder an Initiativen zum Nahost-Konflikt, die eine Ein-Staaten-Lösung für Palästina und Israel fordern, noch an Boykottaufrufen gegen israelische Produkte noch an der diesjährigen Fahrt einer ›Gaza-Flottille‹ beteiligen.«

Drei Wochen später, am 28. Juni, gab dieselbe Fraktion eine weitere Erklärung ab: »Wir werden als Linke weiterhin die Politik der israelischen Regierungen gegenüber den Palästinenserinnen und Palästinensern öffentlich kritisieren, wann immer dies wegen deren Völker- und Menschenrechtswidrigkeit notwendig ist. Das betrifft die israelische Besatzungspolitik, die Blockade gegenüber dem Gaza-Streifen und die völkerrechtswidrige Siedlungspolitik in den besetzten Gebieten ebenso wie die Weigerung der israelischen Regierung, konstruktiv an einer Zweistaatenlösung mitzuwirken, stattdessen diese zu erschweren.« Man werde es »nicht zulassen, dass Mitglieder unserer Fraktion und Partei öffentlich als Antisemiten denunziert werden, wenn sie eine solche Politik der israelischen Regierung kritisieren«.

Die erste Erklärung war mit »Entschieden gegen Antisemitismus« überschrieben, die zweite mit »Kritik an der israelischen Regierungspolitik ist kein Antisemitismus«. Das war so ähnlich wie »Reichtum für alle!« und »Reichtum besteuern!«, in sich nicht schlüssig, aber als Vermarktungsidee nicht übel. Für jeden etwas und jedem das Seine.

Zwischen der ersten und der zweiten Erklärung lagen

schwere partei- und fraktionsinterne Kämpfe. »Andersdenkende sollten eingeschüchtert, stigmatisiert und letztlich aus der Fraktion gedrängt werden«, erzählte ein Abgeordneter der »taz«. Es sei eine »Tabugrenze im innerparteilichen Umgang überschritten worden«. Gysi sei es darum gegangen, erzählten andere, die Regierungsfähigkeit der Linkspartei nicht zu riskieren. Er soll während der Debatte mit seinem Rücktritt gedroht haben, falls die Erklärung nicht angenommen werde. Ein Dutzend Abgeordnete habe die Sitzung vor der Abstimmung verlassen, nur so sei die »Einstimmigkeit« erreicht worden. »Dieser Beschluss wurde von vielen, auch von mir, nicht mitgetragen und kam nur durch großen psychologischen Druck zustande«, berichtete Annette Groth, eine der »Überlebenden« der »Mavi Marmara«.

Die »Antisemitismus-Debatte« war also eine Schlammschlacht darum, wer in der Linken den Kurs bestimmen sollte. Eine Partei, die nicht mal in der Lage ist, daheim den Mindestlohn durchzusetzen, erklärt die Palästina-Frage zu einem zentralen Punkt ihres Programms. Das ist schlimmer als Antisemitismus. Das ist Größenwahn. Gysi tat das, was er am besten kann: Er lavierte. Hatte er eben noch darauf bestanden, dass sich sein Laden vom Antisemitismus distanziert, so nahm er nun denselben Laden vor dem Vorwurf des Antisemitismus in Schutz: »Es geht nicht, dass behauptet wird, wer die Politik der Regierung Israels kritisiert, ist antisemitisch«, das sei »grobes Unrecht«, allerdings habe es die eine oder andere Äußerung gegeben, »die auf großes Unverständnis stößt, obwohl sie gar nicht antisemitisch gemeint ist«. Verglichen mit den Verrenkungen, die Gysi anstellte, wäre Sackhüpfen rückwärts eine olympiareife Disziplin.

Das Schönste an der Auseinandersetzung war allerdings nicht der sportliche Eifer, sondern die Naivität, mit der sie geführt wurde. Die Abgeordneten der Linken, sonst nie um historische Analogien verlegen, merkten nicht einmal, dass sie einen Konflikt nachspielten, der im Kaiserreich und in der Weimarer Republik auf dem Programm der antisemitischen Parteien und Vereine stand, die sich gegenseitig zu überbieten versuchten und gleichzeitig einander beschuldigten, das Geschäft der Juden zu besorgen. Neu war freilich, dass die Linke über ein Phänomen diskutierte, das offenbar nur ein Phantom war. Auf die Frage eines »taz«-Redakteurs »Gibt es in der Linkspartei Antisemitismus?« antwortete Gregor Gysi mit einem klaren »Nein« und schob diese Begründung nach:»Antisemitismus bedeutet, Juden oder Jüdinnen zu benachteiligen oder Schlimmeres zu tun, weil sie Juden oder Jüdinnen sind. Das kenne ich aus unserer Partei nicht. Der Begriff wird derzeit leider inflationär verwandt.«

Gysi, der aufgrund der Tatsache, dass er eine runde Brille trägt, bereits als Intellektueller gilt, findet immer ein Mauseloch, in dem er sich verstecken kann, bis die Katze weg ist. Nein, »Juden oder Jüdinnen« werden nicht benachteiligt, nur weil sie »Juden oder Jüdinnen« sind, es wird ihnen auch nicht »Schlimmeres« angetan. Sie werden nur, wenn sie »Israelis oder Israelinnen« sind, als Masse behandelt, über die verfügt werden kann. Möglich, dass dies per se noch kein Antisemitismus ist, aber dann ist es eben »Judenpolitik«, des deutschen Antisemiten liebstes

Hobby. Und auch Gysi kann es nicht verhindern, dass ihm gelegentlich ein richtiger Gedanke entschlüpft: »Es gibt bei einigen auch in unseren Reihen zu viel Leidenschaft bei der Kritik an Israel. Die gibt es nicht bei Ägypten, nicht bei Libyen, inzwischen nicht einmal mehr bei den USA – aber sofort, wenn es um Israel und Palästina geht. Das macht mich nachdenklich.«

Und dann? Was tut Gysi dann? Macht er sich Gedanken anstelle eines Abendbrots? Geht er in sich? Fragt er sich und seine Genossen, wo die »Leidenschaft bei der Kritik an Israel« herkommt, die es inzwischen nicht einmal mehr bei der Kritik an den USA gibt? Nein, tut er nicht, er geht zur Tagesordnung über, obwohl er ziemlich nahe am Kern der Sache war: Der Antisemitismus ist eine Leidenschaft.

Einerseits, sagt Gysi, »können (wir) über alles nachdenken und über alles diskutieren, es gibt kein Verbot, Israel zu kritisieren«, andererseits, »geht (es) nicht, dass Deutsche nach dem Holocaust Juden das Recht auf einen jüdischen Staat streitig machen… Wir müssen Grenzen der Kritik an Israel setzen, die mit dem Holocaust zu tun haben.«

Was bedeutet: Ohne den Holocaust könnte man den Juden sehr wohl das Recht auf einen jüdischen Staat streitig machen, ohne den Holocaust müsste man der Kritik an Israel keine Grenzen setzen.

Gysi mag schlau sein, klug ist er nicht. Denn genau darum geht es seinen Genossen: die »Israelkritik« zu entgrenzen, indem sie den »Juden und Jüdinnen« sagen, sie sollen aufhören, den Holocaust zu instrumentalisieren und zu missbrauchen. Oder, wie es ein Besucher der »Kölner

Klagemauer« kompakt auf den Punkt brachte: »Hitler ist Vergangenheit, aber Israel ist Gegenwart. Nicht noch einmal.« Es ist die Erinnerung an den Holocaust, welche die Deutschen dazu verpflichtet, darauf zu achten, dass die »Juden und Jüdinnen« nicht rückfällig werden. Und die sie daran hindert, bekennende Antisemiten zu sein. Auf die Frage »Warum sind Sie kein Antisemit?« antwortete der hessische Linke-Abgeordnete Wolfgang Gehrcke, ein leidenschaftlicher »Israelkritiker«, in einem Interview mit dem Hessischen Rundfunk: »Zum einen, weil ich viel zu viele Freunde in Israel habe. Aber mehr noch: Die Geschichte des Holocaust, der industriellen Massenvernichtung von Juden in Deutschland und Europa, ist so einmalig, dass sie mit nichts anderem vergleichbar ist.«

Der Holocaust ist ein Pedal, mit dem man bremsen und zugleich Gas geben kann. Einerseits legt er den Deutschen eine gewisse Zurückhaltung auf, andererseits treibt er sie dazu an, sich der Juden noch einmal anzunehmen, diesmal zu ihrem eigenen Schutz. Auch Gehrcke meint es nur gut: »Man muss das Recht haben, die Politik der israelischen Regierung zu kritisieren. Und ich habe kaum eine Regierung kennengelernt, die so beständig gegen die eigenen Interessen Israels handelt wie die aktuelle Regierung von Ministerpräsident Benjamin Netanjahu. Das als Antisemitismus zu bezeichnen, ist schlichtweg Unsinn.«

Normalerweise vertritt die Linkspartei den Grundsatz der Nichteinmischung in die inneren Angelegenheiten anderer Staaten, besonders nachdrücklich gegenüber Staaten wie Kuba und Afghanistan. Im Falle von Israel allerdings »muss man das Recht haben, die Politik der israelischen

Regierung kritisieren« zu können. Sonst wird bei den Gehrckes die Milch sauer und bei den Gysis der Champagner warm. Wer, wenn nicht sie, wäre besser geeignet, der israelischen Regierung zu sagen, dass sie »beständig gegen die eigenen Interessen Israels handelt«, natürlich immer vor dem Hintergrund der deutschen Geschichte und der deutschen Fürsorgepflicht gegenüber Israel.

Niemand spricht Gehrcke, Gysi, Groth, Höger, Paech und Genossen das Recht ab, die Politik der israelischen Regierung zu kritisieren. Aber es zwingt sie auch niemand dazu, es mit einer so exklusiven Leidenschaft zu tun, die keinen Raum übrig lässt für die vielen anderen Ungerechtigkeiten dieser Welt. Und wenn es möglich ist, die Politik der israelischen Regierung zu kritisieren, dann muss es auch möglich sein, die Motive jener zu hinterfragen, die es tun. Immer unter Berufung auf den Holocaust, der ihnen die Lizenz gibt, sich als moralische Instanz ausgerechnet gegenüber den Juden aufzuführen.

Das Problem der Linken mit Israel hat noch eine andere Facette. Die Linke hat sich immer als Schutzpatronin der Entrechteten und Unterprivilegierten verstanden. Da der Vormund, dort die Mündel. Erst waren es die ausgebeuteten Arbeiter, die nur darauf warteten, »zur Sonne, zur Freiheit« geführt zu werden, dann die Opfer des Kolonialismus in der Dritten Welt; heute – nachdem aus den Proletariern Proleten geworden sind, die ihre Freizeit unter der mallorquinischen Sonne genießen, und die Völker in der Dritten Welt ihre Ausbeutung in die eigenen Hände genommen haben –, heute sind es die Moslems in Europa, die unter der »Islamophobie« leiden. Und wenn sich mal ein Moslem diese Fürsorge verbittet, weil er meint, für sich selbst sprechen zu können, dann reagieren die Linken mit aggressivem Unverständnis, wie Sozialarbeiter, denen die Tür zu einer »Problemfamilie« vor der Nase zugeschlagen wird.

Nach 1945 war das die Rolle, die den Juden zugeteilt war und die einige von ihnen auch gerne spielten, als Juden vom Dienst bei Kranzabwurf- und anderen Gedenkfeiern oder wenn es darum ging, bei Auslandsreisen des Kanzlers oder des Präsidenten Zeugnis abzulegen, dass Deutschland mit seiner Vergangenheit gebrochen hatte. Auch Israel stand hoch im Kurs, weil das ganze Land ein Kibbuz war, in dem immerzu gesungen und getanzt wurde. Nach dem Jom-Kippur-Krieg schlug die Stimmung um. Erstens weil die Israelis gesiegt hatten und zweitens weil sie keine Mündel mehr sein wollten. Und das nimmt ihnen der um seinen Job gebrachte Vormund bis heute übel, indem er sich nun lieber mit den toten Juden aus der Nazizeit solidarisch erklärt, die sich gegen seine nekrophile Liebe nicht wehren können.

Im November letzten Jahres lud die Linksjugend Brandenburg zu einem einwöchigen Seminar in Polen ein, genauer nach »Oswiecim und Krakow«. Die Gruppenreise stand unter dem Motto: »Nie wieder Auschwitz!« Man wollte sich »der Geschichte dieses Ortes… vorsichtig nähern« und dabei »die Wege, Handlungen und Entscheidungen von TäterInnen, Opfern und ZuschauerInnen nachzeichnen und diskutieren…, aber auch die Frage stellen, wie heute in deutschen Familien über die Verbrechen der Großeltern gesprochen wird, wie ein Ort wie Oswiecim mit seiner Vergangenheit umgeht«. Um die Zeitreise abzurunden, war auch ein »Treffen mit einem/einer Überlebenden« geplant.

Das war Erinnerungswahn pur, ausgestattet mit allen Elementen der »political correctness« bis hin zum genderneutralen großen I bei den »TäterInnen«, deren Wege, Handlungen und Entscheidungen nachgezeichnet werden sollten, zugleich mit den Wegen, Handlungen und Entscheidungen der Opfer, die sich erstaunlicherweise nicht für das Leben, sondern für das Sterben »entschieden« hatten. Der Erkenntniswert solcher Seminare tendiert gegen null, verschafft den Teilnehmern aber das gute Gefühl, ein paar tote Juden gerettet zu haben. Und wenn sie dann wieder daheim sind, werden sie mit tiefenreinem Gewissen über das »Existenzrecht« Israels diskutieren und Szenarien für eine Endlösung der Israel-Frage entwerfen.

Nicht nur die Linke, das ganze Land pflegt einen Erinnerungswahn, der pathologisch ist. Jedes Jahr rund um den 27. Januar gibt es im Bundestag eine Gedenkfeier zur Erinnerung an die Befreiung von Auschwitz. Möglichst mit einem prominenten jüdischen Gast – von Arno Lustiger bis Wolf Biermann –, Kammermusik und Ansprachen, die so ergreifend sind wie der Untergang der Titanic unter der Regie von James Cameron. »Lassen Sie uns alle miteinander dafür sorgen, dass sich so etwas nie mehr wiederholt!«

Aber die Titanic wird nicht noch einmal untergehen und Auschwitz eine Touristenattraktion bleiben, es wird keinen Rückbau zu einem KZ geben. Das wenigste, was der Bundestag tun könnte, um einem wohlfeilen Ritual etwas Sinn einzuhauchen, wäre eine Resolution an die Bundesregierung, sie möge die diplomatischen Beziehungen zum Iran abbrechen oder wenigstens herunterfahren, bis die iranische Regierung geklärt hat, wie sie Israel beseitigen möchte, transitiv oder intransitiv.

Aber das wird der Bundestag nie tun, und deswegen sind alle Gesten des Bedauerns, der Scham und der Reue so viel wert wie ein gebrauchtes Tempo-Taschentuch, es wird nur noch recycelt.

Ende Oktober letzten Jahres hat der Parteitag der Linken das neue Parteiprogramm abgesegnet. Es enthält das Bekenntnis zum demokratischen Sozialismus und die Forderung nach einem Systemwechsel. Außerdem das Bekenntnis zum Existenzrecht Israels. Ein einmaliger Vorgang in der deutschen Parteiengeschichte. Wie würde die deutsche Öffentlichkeit reagieren, wenn sich die CDU in ihrem Programm zum Existenzrecht Albaniens bekennen würde?

Und was würde die Linke tun, wenn die Existenz Israels wirklich zur Disposition stünde?

Iris Berben hat einmal gesagt, sie würde in einer solchen Situation zum Judentum übertreten. Im Falle der Linkspartei wäre das der finale Super-GAU. Für die Juden und für Israel.

Eine Obsession – irrational, zwanghaft, unheilbar

Das Kainsmal, das die Deutschen tragen, hört auf den Namen Auschwitz. Täglich hören sie Stimmen aus dem Off ihrer Geschichte: »Franz-Josef, Hans-Herrmann, Karl-Otto, wo sind eure Brüder Baruch, Itzik und Schmulik?«

Das ist extrem unfair, vor allem gegenüber den Deutschen, die nach 1933 geboren wurden und mit dem Dritten Reich so viel zu tun haben wie ich mit der Erfindung des Telegrafen. Aber Geschichte ist nicht fair. Wäre sie es, wären nicht Arno Breker, Leni Riefenstahl und Johannes Heesters uralt geworden, sondern die Eltern meiner Eltern, die in Rauch aufgegangen sind.

161

Wenn ich es mir hätte aussuchen können, wäre ich lieber der Sohn holländischer Bauern oder dänischer Fischer geworden als der Nachkomme hysterischer polnischer Juden, die sich – und ihren Kindern – das Leben nach dem Überleben zur Hölle gemacht haben. Und wäre ich in einem Flüchtlingslager in Gaza aufgewachsen und hätte mir jeden Tag anhören müssen, dass die Zionisten für mein Unglück verantwortlich sind und dass »wir« demnächst in »unser« Haus in Jaffa zurückkehren werden, dann würde ich die Zionisten auch zum Teufel wünschen, je schneller, desto besser.

Das ist der Unterschied zwischen palästinensischen und deutschen Antizionisten. Die einen haben ein nachvollziehbares Motiv, die anderen nur ein Problem, mit dem sie hadern und hadern und hadern.

Wann immer ich über den antisemitischen Dumpfsinn stolpere, der sich als »Antizionismus« bzw. »Israelkritik« maskiert, packt mich zuerst die Wut und dann das Mitleid. Haben diese Schwachmaten wirklich nichts Besseres zu tun, als sich von morgens bis abends um das Schicksal der Palästinenser zu kümmern? Wie wäre es, wenn sie mal ein paar Boote chartern und nach Latakia schippern würden, um den Syrern zu Hilfe zu kommen? Und wie wäre es mit einer kleinen Demo vor der kubanischen oder nordkoreanischen Botschaft, um »ein Zeichen« gegen die Behandlung der politischen Gefangenen in diesen beiden Ländern zu setzen? Ich meine das nicht einmal als Alternative, sondern als Ergänzung zu den vielen Palästina-Initiativen, sozusagen als flankierende Maßnahme zur Verbesserung der moralischen Glaubwürdigkeit ihrer Protagonisten.

Es dauert nicht lange, bis sich die Wut legt und das Mitleid überhandnimmt. Wie armselig, wie lächerlich! Lauter Don Quijotes, die einen Kampf gegen Windmühlen führen, den sie nicht gewinnen können. Aber sie machen unbeirrt weiter, verabschieden Resolutionen zur Nahost-Frage, fordern Israel zur Anerkennung der Hamas auf, niemals aber die Hamas, jene Paragrafen aus ihrer Charta zu streichen, die sich mit der Vernichtung von Israel beschäftigen; sie setzen sich für die »Ein-Staaten-Lösung in Palästina« ein und für die Rückkehr von vier bis sechs Millionen palästinensischer Flüchtlinge in ihre »Heimat«, eine Forderung, die sie als »revisionistisch« verurteilen würden, wenn sie von den Schlesiern oder Sudetendeutschen erhoben würde.

Denn es geht nicht um das Recht der Israelis auf einen eigenen Staat oder das Unrecht, das den Palästinensern angetan wurde, es geht darum, ein Heilmittel für das Leiden an der eigenen Krankengeschichte zu finden. Und so entsteht ein virtuelles System der kommunizierenden Röhren, in denen statt Wasser Schuldgefühle fließen: Je mieser sich die Israelis den Palästinensern gegenüber benehmen, umso weniger schuldbeladen fühlen sich die Deutschen gegenüber den Juden. Es findet sozusagen ein Lastenausgleich unter dreien statt. Und wenn die Wirklichkeit nicht genug hergibt, dann wird eben nachgeholfen. Dann wird die »Nakba« in die Nähe des Holocaust gerückt und Gaza in das Warschauer Ghetto verlegt. Dann wird vom »Völkermord« an den Palästinensern phantasiert und von »ethnischen Säuberungen«, die Israel »araberrein« machen sollen. Und von einer »Apartheid«, die viel brutaler sei als diejenige, die in Südafrika praktiziert wurde.

Das sind nicht nur klassische Projektionen, es sind Fluchtversuche verzweifelter Menschen. Allerdings: Mit Betonklötzen an den Füßen kann man nicht schnell laufen, man kommt überhaupt nicht von der Stelle. Und wenn sie es doch schaffen, dann passiert etwas Seltsames, das Michael Ende in seinen »Jim Knopf«-Geschichten beschrieben hat: Der »Scheinriese« wird umso größer, je weiter man sich von ihm entfernt. Auf Deutschland und die Deutschen übertragen bedeutet das: Die Last der Geschichte wird mit zunehmendem zeitlichem Abstand nicht leichter, sondern schwerer.

Die grüne Bürgermeisterin der Stadt Aachen, Hilde Scheidt, Jahrgang 1950, hat sich im Dezember 2011 über einen Auftritt von Ralph Giordano und mir bei der Deutsch-Israelischen Gesellschaft (DIG) in Aachen dermaßen aufgeregt, dass sie aus Protest aus der DIG austrat. »So etwas können wir hier in Aachen wirklich nicht gebrauchen.« Was »wir« in Aachen gebrauchen können, hängt inzwischen nicht vom Wohlwollen des zuständigen Gauleiters, sondern der grünen Bürgermeisterin ab. Und gleich zwei Juden, die in der »Palästina-Frage« anderer Meinung sind als sie, waren ihr einfach zu viel. Noch gewagter war nur noch ihre Erklärung, es müsse »möglich sein, auch die israelische Politik zu kritisieren, etwa eine Regierung, die dem israelischen Volk schadet«.

Und weil das israelische Volk zu blöde ist, um zu erkennen, was ihm schadet, fällt diese Aufgabe der grünen Bürgermeisterin von Aachen zu, die sich ohne Weiteres zutraut, den Israelis zu sagen, was für sie gut wäre – zeitgleich mit der Erhöhung der Müllgebühren und dem Ausbau der Radwege in Aachen. Niemand lachte, keiner nahm sie zur Seite und fragte: »Sag mal, Mädel, hast du keine Angst, dass du dich übernimmst?« Denn »die israelische Politik zu kritisieren« ist nicht nur das Recht, es ist die Pflicht eines jeden Deutschen, der dafür sorgen will, dass sich die Geschichte nicht wiederholt, auch wenn vor seiner eigenen Tür die Neonazis ihre Runden drehen und der Verfassungsschutz die NPD finanziert.

Manche gehen noch einen Schritt weiter und schlüpfen gleich in die Rolle der Juden. Rupert Neudeck, Jahrgang 1939, der mit seiner Cap-Anamur-Initiative Tausende von Vietnamesen gerettet hatte, wurde bei einer Einreise nach Israel wegen verdächtiger Stempel in seinem Pass stundenlang aufgehalten. Wieder daheim, schrieb er, er wäre in Israel »spezialbehandelt« worden. Die kreative Wortwahl lässt sich entweder mit sadomasochistischen Phantasien oder mit dem Wunsch erklären, in den Genuss einer Erfahrung zu kommen, die bislang den Juden vorbehalten war.

Neudeck hätte auch sagen können, er sei »schikanös behandelt« worden, was dem Vorgang sicher angemessen gewesen wäre. Aber mit »spezialbehandelt« kam er so nah an »sonderbehandelt« ran wie ein Geisterbahnfahrer an den Abgrund, ohne sich wirklich einer Gefahr auszusetzen. Die Deutschen, sagen die Historiker, seien eine »verspätete Nation«. Man könnte auch sagen, sie benehmen sich wie Konvertiten, die alles besser machen wollen als diejenigen, die schon länger »dazugehören«. Sie sind die besseren Juden, die besseren Demokraten, die besseren Pazifisten und natürlich die besseren Europäer. »Es wäre für Deutschland besser, mit den Partnern in Europa das Falsche zu tun, als allein auf dem Richtigen zu beharren«, hat Jakob Augstein zur Eurokrise auf »Spiegel Online« geschrieben.

Anfang Dezember 2011 wurde auf dem Parteitag der SPD in Berlin der 92-jährige Altkanzler Helmut Schmidt mit Standing Ovations für eine Rede gefeiert, in der er der Kanzlerin die Leviten gelesen und sie zu Bescheidenheit und Zurückhaltung aufgerufen hatte. Deutschland solle auf keinen Fall eine Führungsrolle in Europa anstreben, das wäre eine »schädliche deutsch-nationale Kraftmeierei«. Er warnte auch vor Besserwisserei und Rechthaberei, derselbe Helmut Schmidt, der erst vor Kurzem die Amerikaner dafür kritisiert hatte, dass sie Osama bin Laden nicht festgenommen, sondern »auf dem Boden des souveränen Staates Pakistan« getötet hatten. Das sei »ganz eindeutig ein Verstoß gegen das geltende Völkerrecht« gewesen. Schmidt changierte, nur vom Jubel der Delegierten unterbrochen, vom Oberlehrer zum Untertan, der darum bittet, an die Kette gelegt zu werden. »Die sehr große und sehr leistungsfähige Bundesrepublik Deutschland braucht – auch zum Schutze vor uns selbst! – die Einbettung in die europäische Integration.«

Dass die Deutschen sich selber nicht über den Weg trauen, könnte man als eine sympathische Geste der Demut missverstehen, wenn sie nicht zugleich zwei Ausnahmen machen würden – ausgerechnet den beiden Kollektiven gegenüber, denen sie schicksalhaft verbunden sind. Den Amerikanern werden sie nie verzeihen, dass sie sich von Kaugummi kauenden Barbaren befreien lassen mussten, und den Juden werden sie Auschwitz immer übel nehmen.

Die Deutschen leiden an Hitler wie andere an Schuppenflechte. Aus dem Versuch, sich gegen die eigene Geschichte zu immunisieren, ist eine Autoimmunerkrankung geworden. Ob es um den Einsatz in Jugoslawien oder in Afghanistan geht, um Atom, Gentechnik, Stammzellen, Sterbehilfe – immer steht das Nazi-Menetekel an der Wand und fordert seinen Tribut. Das ritualisierte Gedenken verschafft keine Erleichterung, sondern produziert auf die Dauer Überdruss – wie Liebeserklärungen an einen Partner, den man am liebsten los wäre. Die Solidarität mit den Palästinensern ist der therapeutische Umweg zur Selbstheilung.

Das daraus resultierende Interesse an Israel trägt alle Züge einer Obsession. Es ist irrational, es ist zwanghaft, es ist unheilbar. Die Schar der »Israelkritiker« reicht vom Feuilleton der FAZ, der SZ und der taz über die Evangelische Akademie Bad Boll bis zum letzten Stammtisch in Wunsiedel. Wäre das Schicksal der Juden zwischen 1933 und 1945 ebenso vielen Menschen ebenso nahegegangen, hätten die Nazis die »Endlösung« absagen müssen. Gibt man bei Google »Frieden für Palästina« ein, bekommt man 1.880.000 Treffer, bei »Frieden für Tibet« sind es immerhin noch 741.000 Treffer, bei »Frieden für Tschetschenien« nur noch 146.000. Dabei hat der Konflikt um Tschetschenien mehr Menschen das Leben gekostet als alle Nahostkriege zusammengenommen.

Nachdem Bundeskanzler Schröder und sein Gast, der russische Präsident Wladimir Putin, im April 2005 an einem Mahnmal in Hannover einen Kranz niedergelegt hatten, um an die 386 KZ-Häftlinge, Zwangsarbeiter und

Kriegsgefangenen zu erinnern, darunter 154 sowjetische Soldaten, die in den letzten Kriegstagen ermordet worden waren, wollten Angehörige der »Gesellschaft für bedrohte Völker« ebenfalls einen Kranz zur Erinnerung an die 200.000 Toten in Tschetschenien niederlegen. Sie durften es erst, nachdem Putin aus Hannover abgereist war. Kurz zuvor hatte Schröder bei einer Gedenkfeier für die Opfer des Nationalsozialismus im ehemaligen KZ-Buchenwald erklärt, man dürfe der »Versuchung zum Vergessen oder zum Verdrängen nicht nachgeben«. Aber: Der Boden der deutschen Geschichte reicht nicht bis nach Tschetschenien, Putin ist ein »lupenreiner Demokrat«, und das, was in Tschetschenien passiert, lässt, anders als die Ereignisse in Palästina, die Deutschen so kalt wie die Lage der allein erziehenden Mütter auf den nördlichen Aleuten.

Ihr obsessives Interesse an der Israel-Frage speist sich vor allem aus einer Quelle: dem Wunsch, irgendjemand möge den Job zu Ende bringen, den die Nazis nicht vollendet haben, um die Deutschen von ihrem exklusiven Kainsmal zu befreien. Würden es die Palästinenser beziehungsweise die Araber tun, hätte das außerdem noch den Vorteil, dass es Semiten wären, also Blutsverwandte der Betroffenen. Es wäre der Nachweis, dass niemand mit den Juden in Frieden leben kann, nicht einmal Angehörige der eigenen Mischpoche.

Mir ist klar, dass ich von nun an gefragt werde, ob ich es wirklich so meine oder ob es sich nur um eine »Provokation« meinerseits handle. Ja, ich meine es nicht nur so, ich bin davon überzeugt. Zugleich bin ich zuversichtlich, dass es nicht dazu kommen wird. Denn der Judenhass der Araber ist nicht so genuin und nicht so tief in der arabischen Kultur verankert wie der Antisemitismus der Europäer. Er ist explosiv, aber nicht nachhaltig. Sie werden nicht so dumm sein, für andere die Drecksarbeit zu erledigen. Man soll auch, allem Geschrei zum Trotz, den Pragmatismus der Araber nicht unterschätzen. Sie wissen, dass sie Israel brauchen, wenn sie dem iranischen Atomprogramm mehr als nur Worte entgegensetzen wollen. Und wenn das iranische Regime erst einmal Geschichte ist, werden die Karten im Nahen und Mittleren Osten sowieso neu gemischt.

Den deutschen »Israelkritikern« empfehle ich deswegen, entweder kollektiv zum Therapeuten zu gehen, um sich von ihrem »Judenknacks« heilen zu lassen, oder neue Verbündete zu suchen. Derzeit bieten sich die ultraorthodoxen Juden in Israel an, die Israel entzionisieren und in einen Gottesstaat nach iranischem Vorbild verwandeln wollen. Als bekennender Agnostiker mit einem leichten Hang zum Atheismus kann ich dazu nur eines sagen: Gott behüte!

Vergesst Auschwitz – bevor es zu spät ist!

Im Sommer letzten Jahres empfing Günter Grass den israelischen Journalisten Tom Segev zu einem längeren Gespräch. Aktueller Anlass war die Publikation des Grass-
Romans »Beim Häuten der Zwiebel« in einem israelischen
Verlag.

Segev spricht fließend Deutsch, und so plauderte man
ganz unbeschwert und ohne einen Übersetzer zweieinhalb
Stunden über alles Mögliche: den Untergang der »Wilhelm
Gustloff« im Januar 1945, Grass' ersten Besuch in Jerusalem im Jahre 1967, sein kurzes Gastspiel als 17-Jähriger
bei der Waffen-SS und natürlich über die Reaktionen auf

seinen Roman »Beim Häuten der Zwiebel«. Die Debatte um diesen Roman sei für ihn »sehr schmerzlich« gewesen, man habe ihm unterstellt, er habe sich freiwillig zur Waffen-SS gemeldet. »Die Wahrheit ist, dass ich eingezogen wurde, wie Tausende von Jugendlichen in meinem Alter.«

Auf Segevs Frage, warum er die Geschichte so lange für sich behalten habe, antwortete Grass: »Weil ich mich geschämt habe. Ich war ein dummer junger Nazi... Ich schäme mich noch immer.«

Als Segev wissen wollte, warum der Holocaust in der »Zwiebel« nur am Rande vorkommt, antwortete Grass: »Der Wahnsinn und die Verbrechen äußerten sich nicht nur im Holocaust und hörten nicht mit dem Kriegsende auf. Von acht Millionen deutschen Soldaten, die von den Russen gefangen genommen wurden, haben vielleicht zwei Millionen überlebt. Der Rest wurde liquidiert... Ich sage das nicht, um das Gewicht der Verbrechen gegen die Juden zu mindern, aber der Holocaust war nicht das einzige Verbrechen. Wir tragen die Verantwortung für die Verbrechen der Nazis, aber ihre Verbrechen erlegten den Deutschen schlimme Katastrophen auf, und so wurden sie zu Opfern.«

Man musste kein diplomierter Mathematiker sein, um Grass' Zahlenspiele zu Ende zu rechnen: Sechs Millionen deutsche Soldaten wurden von den Russen liquidiert.

Dass tatsächlich etwa drei Millionen deutsche Soldaten in sowjetische Kriegsgefangenschaft gerieten, von denen etwa 1,1 Millionen nicht überlebten, spielt in diesem Zusammenhang keine Rolle. Denn Grass geht es nicht um Zahlen, sondern um eine Zahl. Sechs Millionen. Das ist die

Zahl, um die es immer geht. The Lucky German Number. Grass ist der Prototyp eines Deutschen, A German In A Nutshell. Beileibe kein Nazi, das hat ihm Tom Segev auch rührend bestätigt, aber vom Dritten Reich nachhaltig kontaminiert. Von Schuld- und Schamgefühlen verfolgt und zugleich von dem Wunsch getrieben, Geschichte zu verrechnen. Sechs Millionen tote Juden auf der einen, sechs Millionen tote deutsche Gefangene auf der anderen Seite, das gibt unterm Strich eine saubere Null. »Es« denkt auch in Günter Grass.

Dabei läuft er durchaus nicht mit Scheuklappen durch die Gegend, er redet auch gerne über den Nord-Süd-Konflikt und die vielen Fehler, die bei der deutschen Vereinigung gemacht wurden, weil man es versäumt hat, ihn um Rat zu fragen. Er hat die DDR eine »relativ kommode Diktatur« genannt und die deutsche Teilung eine »Strafe für Auschwitz«, was seinem Ruf als moralische und politische Autorität nicht geschadet hat. Er war es auch, der gleich nach den Anschlägen von 9/11 die Frage gestellt hat, was wir »ihnen« angetan haben, dass sie »uns« so hassen müssen, und das war nicht ironisch, sondern ganz ernst gemeint. »Wir« waren es, die »sie« zu Terroristen gemacht haben. Selber schuld, wenn sie Bomben auf uns schmeißen.

Aber richtig leidenschaftlich wird Grass vor allem, wenn es um Israel geht. In einem Interview mit »Spiegel Online« im Oktober 2001 sagte er, wie er sich die Lösung der Palästina-Frage vorstellt: »Israel muss nicht nur besetzte Gebiete räumen. Auch die Besitznahme palästinensischen Bodens und seine israelische Besiedlung ist eine kriminelle

Handlung. Das muss nicht nur aufhören, sondern rückgängig gemacht werden. Sonst kehrt dort kein Frieden ein.«

Als Schriftsteller, dessen Handwerk die Sprache ist, sollte Grass in der Lage sein, sich klar auszudrücken. Wenn Israel die »besetzten Gebiete« räumen und »die Besitznahme palästinensischen Bodens und seine israelische Besiedlung« aufgeben soll, dann kann das nur heißen, dass auch Haifa, Tel Aviv und Aschkelon geräumt werden müssen, liegen sie doch alle auf palästinensischem Boden. Kaum anzunehmen, dass er sich die Position der Hamas zu eigen machen wollte, aber wie soll man den Satz sonst verstehen, wenn nicht als Wunsch nach der Wiederherstellung des Status quo ante, also der Verhältnisse vor der Gründung Israels? »Sonst kehrt dort kein Frieden ein.«

So, wie es in Grass denkt, so denkt es in vielen Deutschen, die sich sonst bei jeder Gelegenheit als stramme Antifaschisten und Friedensfreunde gerieren und keinen Holocaust-, Auschwitz-, Dachau- oder Bergen-Belsen-Gedenktag versäumen. Gerhard Schröder hat sich als Bundeskanzler ein Holocaust-Mahnmal gewünscht, »wo man gerne hingeht«. Man kann sich einen solchen Wunsch nur damit erklären, dass die Deutschen an Waschzwang leiden, aber Angst vor der Katharsis haben.

Im August 2003 – der Irakkrieg hatte gerade begonnen – sagte Grass in einem »Spiegel«-Interview, in dem es eigentlich um seinen Gedichtband »Letzte Tänze« ging: »Siegen macht gelegentlich dumm« – womit er natürlich die USA meinte, »ein großes, geradezu übermächtiges Land«, das »aus seinen wenigen Niederlagen nichts lernt«, während »wir« aus unseren vielen Niederlagen sehr wohl gelernt haben, unter anderem, dass Armut nicht nur zu Poverte führt, sondern auch zum Terrorismus: »Es gibt weltweite Armut, eine Ungerechtigkeit zwischen den armen und den reichen Ländern – darin liegt auch der tiefe Grund für den zunehmenden Terrorismus: in der Enttäuschung dieser armen Länder, die in Hass umgeschlagen ist.«

Ja, wenn Liebe in Hass umschlägt und dazu noch der Magen knurrt, bleibt einem nur ein Ausweg übrig: »Man sollte sich fragen: Warum sind junge Menschen bereit, Selbstmordattentate zu begehen? Das Potenzial, den Hunger zu besiegen, wäre ja vorhanden. Das liegt in kanadisch-amerikanischer Hand, bis hin zum genmanipulierten Getreide: Die Abhängigkeit der armen Länder wird immer größer.«

Grass ist ein schönes Beispiel dafür, wie man aus zwei Elementen – Schuld und Scham – ein neues Produkt herstellen und erfolgreich vermarkten kann: den »deutschen Sündenstolz« (Hermann Lübbe). Zweimal Minus ergibt einmal Plus.

Wahrscheinlich verdankt der Dichter seine Popularität eher der Begabung, auf der Klaviatur des Sündenstolzes so virtuos zu spielen, als seinem literarischen Œuvre.

Hatte man in der alten Bundesrepublik noch bis in die siebziger Jahre versucht, das Thema »Holocaust« nicht zu nahe an sich herankommen zu lassen, geht man, seit die 68er das Thema entdeckt haben, damit heute mehr als offensiv um: »Schaut her, wir waren nicht nur die größten Schurken, wir sind auch die besten Aufarbeiter, die die Welt je erlebt hat! Wir haben aus unserer Geschichte gelernt, ganz anders als alle anderen, vor allem die Amis und die Juden!«

Und deshalb gibt es in Deutschland rund 120 Gedenkstätten für den Holocaust, in denen jedes Jahr ungezählte Veranstaltungen stattfinden. Eine Klassenreise in das nächstgelegene KZ gehört zum Repertoire eines jeden aufgeklärten Geschichtslehrers. Gymnasien tragen den Namen von Anne Frank, nach einer Theodor-Herzl-Oberschule oder einem David-Ben-Gurion-Institut wird man vergeblich suchen.

Jeder pensionierte 68er kennt die »Todesfuge« von Paul Celan auswendig und weiß, dass der »Tod ein Meister aus Deutschland« ist. Was ihn nicht daran hindert, mit einem Palästinensertuch um den Hals zu laufen und Israel einen »Brückenkopf des US-Imperialismus« zu nennen. Er schämt sich für die Untaten der Nazis, findet aber, dass die Hamas eine »legitime Vertretung« der Palästinenser ist, mit der Israel über die Modalitäten seiner Selbstauflösung verhandeln sollte. Es mag ein Verdienst der 68er sein, das Dritte Reich aus dem Abgrund des Vergessens hervorgeholt und zu einem »Diskursgegenstand« gemacht zu haben, heute sorgen sie mit ihrer spätromantischen Begeisterung für Palästina für eine erneute Schubumkehr der Geschichte.

In Verbindung mit der Friedensbewegung, die sich ebenso wie die Waffenproduktion zu einem Gütezeichen »Made in Germany« entwickelt hat, führt der deutsche »Sündenstolz« außerdem zur Bildung eines neuen nationalen Sozialismus. Der will nicht mehr erobern, er will nur Gleichheit und Sicherheit für alle. Freiheit und eigene Verantwortung erscheinen dagegen zweitrangig. Etwas zu riskieren, kommt einem Selbstmordversuch gleich. Das Wohlergehen der Gesellschaft hängt von der Anzahl der »sozialversicherungspflichtigen Arbeitsverhältnisse« ab. Man arrangiert sich, mit der Arbeitslosigkeit, die mit Hilfe einer kreativen Statistik geschönt wird, ebenso wie mit Auschwitz, das nicht mehr für Tod und Vernichtung steht, sondern als Symbol einer »Gedenkkultur«, die weltweit ihresgleichen sucht. »Es gibt Völker, die uns um dieses Mahnmal beneiden«, sagte der Historiker Eberhard Jäckel bei der Feier zum fünften Jahrestag der Einweihung des Berliner Holocaust-Mahnmals. Es war der Moment, in dem ich am liebsten aus der Haut gefahren wäre und »Was für ein Glück, dass meine Eltern dazu beitragen durften!« gerufen hätte, wenn ich nicht gerade damit beschäftigt gewesen wäre, in einer 25 Kilogramm schweren »Stele« aus Holz die Balance zu halten. Eine ältere Gutdeutsche kam auf mich zugelaufen und zischte: »Sie beleidigen das Andenken an die toten Juden!«

Und genau das hatte ich mir auch vorgenommen, denn die toten Juden sind die Lieblingsjuden der Deutschen – allein schon deswegen, weil sie bei Gedenkritualen nicht stören. Es sind knitterfreie und pflegeleichte Juden, immer und überall willkommen, im Gegensatz zu den lauten und störrischen Juden, die sich weigern, dem Frieden zuliebe aus dem Leben, Pardon, Frau Amirpur: »von den Seiten der Geschichte« zu verschwinden.

Mich interessieren die toten Juden nicht. Ich war einmal in Auschwitz und kann jedem vom Besuch dieses Open-Air-Museums nur abraten. Man erfährt nichts, was man nicht schon wusste, und das Essen in der KZ-Kantine ist zwar besser geworden, als es vor 70 Jahren war, aber immer noch miserabel. Ich finde es vollkommen absurd, dass jedes Jahr Abertausende von jungen Deutschen durch die Konzentrationslager geschleust werden. Sie sollten besser lernen, dass und warum die Juden ein Recht auf einen eigenen Staat haben. Und wenn aus deutscher Schuld und Scham etwas gelernt werden kann, dann wäre es die Solidarität mit diesem Staat. Ebenso absurd ist, dass jedes Jahr Tausende von israelischen Jugendlichen »als Israelis nach Auschwitz fahren und als Juden zurückkommen«, wie mir einer der Organisatoren dieser Reisen voller Stolz erklärte. Das heißt, sie kommen hysterisiert und traumatisiert zurück und sind überzeugt, dass die Palästinenser die Nazis von heute sind, was ebenso skandalös ist wie die Behauptung, Gaza sei das Warschauer Ghetto von heute.

Als vor einigen Jahren eine Gruppe israelischer Jugendlicher, zu Besuch in Auschwitz, sich eine Stripperin ins Hotel bestellte, war die Empörung über dieses »unwürdige Verhalten« gewaltig. Aber diese Jugendlichen hatten genau das Richtige am richtigen Ort getan: sich für das Leben und gegen den Tod entschieden. Und nebenbei auch den Unterschied zwischen Juden und Israelis demonstriert.

Im Gegensatz zu Osama bin Laden und seinen Anhängern finde ich das Leben schöner als den Tod. Es hat einfach mehr zu bieten: die Strandpromenade von Tel Aviv, die heißen Quellen auf Island, den Käsemarkt in Alkmaar, die kostenlose Fähre zwischen Manhattan und Staten Island, den Wellenschlag von Colonial Beach und andere Gottesbeweise.

Und statt Toten nachzutrauern, finde ich es wichtiger,

Lebenden zu helfen, am Leben zu bleiben. Ich fand es richtig, dass der Westen in Jugoslawien und in Afghanistan intervenierte. Ich war für die Intervention in Libyen, völlig unabhängig davon, wer das Land demnächst regieren wird. Und ich halte es für eine Schande, dass wir dem Blutbad in Syrien tatenlos zuschauen, weil eine Intervention »unabsehbare Folgen« nach sich ziehen könnte. Fuck you! Aus Angst vor unabsehbaren Folgen blieben auch die Westmächte passiv, als Polen von den Nazis überfallen wurde. Die nötigen Grausamkeiten müssen am Anfang begangen werden.

Vergesst Auschwitz! Denkt an Israel – bevor es zu spät ist.

Nachspiel

Zum 70. Jahrestag der Wannseekonferenz in Berlin, bei der am 20. Januar 1942 die »Endlösung der Judenfrage« beschlossen wurde, hielt Bundespräsident Christian Wulff eine Rede, in der er die dauerhafte Erinnerung an die nationalsozialistischen Gräueltaten eine »nationale Aufgabe« nannte. Die »nachfolgenden Generationen« sollten sich an »das Entsetzliche« erinnern, das von Deutschland ausgegangen sei. Darüber hinaus sicherte der Präsident den Juden in aller Welt bei Gefahr und Verfolgung die »Verbundenheit« Deutschlands zu.

Natürlich stellte keiner der Anwesenden die Frage, wie eine solche »Verbundenheit« im konkreten Fall aussehen sollte. Würde die Bundesrepublik eine bedrohte jüdische Gemeinde, vielleicht die von Venezuela, aufnehmen? Ein Bataillon der Bundeswehr zu ihrem Schutz entsenden? Oder meinte der Bundespräsident es eher »symbolisch«, wie Willy Brandt, als er 1973 feststellte, eine »Neutralität der Herzen« könnte es nicht geben und er gleichzeitig die Verschiffung militärischen Nachschubs für Israel über deutsche Häfen verbot?

Nur zwei Tage, bevor er die Rede zum Jahrestag der Wannseekonferenz hielt, empfing Präsident Wulff den Präsidenten der Palästinensischen Autonomiebehörde, Mahmud Abbas, mit allen protokollarischen Ehren, die einem richtigen »Präsidenten« zustehen. Bei dieser Gelegenheit versicherte Wulff seinem Gast, Deutschland werde sich auch weiterhin für den Aufbau eines palästinensischen Staates »substantiell engagieren«.

Leider hat Wulff es unterlassen, Mahmud Abbas nach einer Rede zu fragen, die der Mufti der Palästinensischen Autonomiebehörde, Muhammad Hussein, bei den Feierlichkeiten zum Jahrestag – nein, nicht der Wannseekonferenz, sondern der Gründung der Fatah kurz zuvor gehalten hatte.

Darin zitierte der von Abbas ernannte Mufti zwei Hadithen, Sprüche des Propheten, in denen vom Jüngsten Tag die Rede ist, da »die Muslime gegen die Juden kämpfen und sie töten«. Wobei er keinen Zweifel daran ließ, dass es sich nicht nur um historische Zitate handelt, sondern dass es eine Pflicht für die Moslems von heute ist, einen »heiligen Krieg« gegen die »Nachfahren von Affen und Schweinen« zu führen. Mag sein, dass Wulffs Berater die gute Atmosphäre des »Staatsbesuchs« nicht stören wollten, mag sein, dass Wulff mit den Vorbereitungen für seine Wannsee-Rede bereits dermaßen beschäftigt war, dass er sich nicht noch mehr Geschichte aufhalsen wollte, jedenfalls hat er Abbas auf den »heiligen Krieg«, den sein Mufti führen möchte, nicht angesprochen.

Und zum 75. Jahrestag der Wannseekonferenz wird der nächste Bundespräsident wieder eine Rede halten, in der er die dauerhafte Erinnerung an die Gräueltaten der Nazis zur »nationalen Aufgabe« erheben wird.

The Wahn goes on.

Knoxville, Tennessee, 22. Januar 2012

Er ist wir, wir sind er. Was noch gesagt werden muss

Als dieses Buch um den Jahreswechsel 2011/2012 ange-kündigt wurde, waren auch wohlmeinende Freunde irri-tiert. Auschwitz vergessen? Erinnerungswahn? Endlösung der Israelfrage? Jetzt ist der Broder endgültig durchge-knallt! Er baut sich einen Pappkameraden auf und arbei-tet sich an ihm ab. Antisemitismus in Deutschland? Wenn überhaupt, dann gebe es den bei den Ewiggestrigen, den Glatzen, hier und da in der ehemaligen DDR und anderen strukturschwachen Regionen, bei den Verlierern und Zu-kurzgekommenen. Aber doch nicht als gesellschaftliches Phänomen!

Die es weniger gut meinten, sagten: Der will doch nur provozieren, wieder einmal.

Als das Buch erschienen war, wurden einige der Kritiker nachdenklich. Meine »krude« These vom Zusammenhang zwischen dem deutschen Erinnerungswahn, der deutschen Fixierung auf das Thema Israelis/Palästinenser – auch gerne »Israelkritik« genannt – und einem neuen kompensatori-schen Antisemitismus sei vielleicht etwas zugespitzt, ver-diene es aber, ernst genommen zu werden. Der eine oder andere fühlte sich sogar »ertappt«.

Und dann veröffentlichte die »Süddeutsche Zeitung« das »Gedicht« *Was gesagt werden muss* von Günter Grass.

Ich konnte es nicht fassen: Warum um alles in der Welt tritt der berühmteste deutsche Dichter der Gegenwart an, um meine Thesen zu bestätigen? Warum bietet er sich als Kronzeuge zu meinen Gunsten an?

Es ist nicht immer lustig, von der Realität überholt zu werden. Die Wirklichkeit ist oft noch absurder als ihre analytische oder polemische Zuspitzung. Man muss sich Mühe geben, mit ihr Schritt zu halten. Ich schrieb einen Artikel für die »Welt«, in dem ich mir Grass und sein Gedicht vornahm: als »der Prototyp des gebildeten Antisemiten«, der es »mit den Juden gut meint«. Ich hielt das für offensichtlich. Doch dann musste ich feststellen, dass ich mit dieser Bewertung ziemlich allein da stand. Die kulturelle Elite eilte Grass zu Hilfe, wenn auch verhaltenen Schrittes.

Der Schauspieler Michael Degen sagte, Grass sei »kein Antisemit, aber ein Antiisraeli«; der Historiker Michael Wolffsohn sagte, Grass sei »kein Antisemit«, er habe allerdings »Probleme mit den Juden und Israel«; der ehemalige israelische Botschafter in der Bundesrepublik, Avi Primor, sagte, er halte Grass »weder für einen Antisemiten noch für einen Feind Israels«, klar sei nur, »dass er sich mit der Problematik schwertut«. Man müsse den Antisemitismus »gezielt bekämpfen, aber nicht dort, wo es ihn nicht gibt«.

Der Literaturkritiker Marcel Reich-Ranicki sagte, es gebe keine Belege »dafür, dass Grass schon immer ein Antisemit war«, allerdings habe Grass in seinem Gedicht *Was gesagt werden muss*, das von der SZ gedruckt wurde, »den Antisemitismus ganz klar geboten«; der Talkmaster Michel Friedman sagte, Grass sei »kein Antisemit«, er spiele allerdings »mit antisemitischen Klischees«; der israelische Historiker Tom Segev sagte, Grass sei »kein Antisemit …, nicht antiisraelisch …, auf keinen Fall gegen Israel in irgendeiner Weise«; der Erziehungswissenschaftler Micha Brumlik sagte: »Grass ist kein Antisemit, er bedient sich aber antisemitischer Deutungsmuster«; der SPD-Politiker Wolfgang Thierse sagte, es wäre »fatal«, wenn man »Günter Grass wegen dieser einseitigen kritischen Position zum Antisemiten« erklären würde. Sigmar Gabriel, der Vorsitzende der SPD, sagte: »Günter Grass ist kein Antisemit«.

Abgesehen von Malte Lehming im Berliner »Tagesspiegel« – »Ist Günter Grass ein Antisemit? Ja, das ist er« – und meiner Wenigkeit – »Grass ist der Prototyp des gebildeten Antisemiten« – waren sich fast alle Grass-Kritiker einig: Grass benutzt antisemitische Klischees, er greift antisemitische Deutungsmuster auf, er bedient antisemitische Ressentiments, er hat ein Problem mit Juden und mit Israel, er verwechselt Ursache und Wirkung, er stellt die Wirklichkeit auf den Kopf, er banalisiert die Drohungen des iranischen Präsidenten gegenüber Israel, er dämonisiert Israel auf die gleiche Art wie früher die Juden dämonisiert wurden, als Weltbrandstifter – aber ein Antisemit ist er nicht! Gott behüte! Alles nur nicht das! Grass als Antisemiten zu bezeichnen, wäre kontraproduktiv, vertane Zeit und vergeudete Mühe, denn: Man muss den Antisemitismus gezielt bekämpfen, aber nicht dort, wo es ihn nicht gibt.

Eine interessante These, die zu allerlei Spekulationen einlädt: Ist jemand, der sich die Kante gibt, ein Alkoholiker oder hat er nur ein Problem mit dem Alkohol? Ist jemand, der kleine Kinder befummelt, ein Pädophiler oder hat er nur seine Triebe nicht unter Kontrolle? Ist jemand, der eine Frau gegen ihren Willen zum Sex zwingt, ein Vergewaltiger oder nur schwerhörig, weil er das »Nein!« der Frau überhört hat?

Bleiben wir noch einen kurzen Moment bei dem Vergewaltiger. Er hat einiges mit dem Antisemiten gemeinsam.

Der Antisemit meint es gut mit den Juden, er hat entweder jüdische Freunde, auf die er sich beruft, oder er fühlt sich Israel »verbunden«, so wie sich ein Vergewaltiger der Frau, die er vergewaltigt hat oder vergewaltigen möchte, verbunden fühlt. Der Vergewaltiger gibt der vergewaltigten Frau die Schuld an der Tat, sie hat ihn herausgefordert, durch ihr Verhalten oder durch ihr Dasein und Sosein.

Der Antisemit denkt genauso. Es ist der Jude, der ihn zum Antisemiten macht, durch sein Dasein und Sosein. Der reiche Jude, weil er ein Ausbeuter ist, der arme Jude, weil er ein Parasit ist, der konservative Jude, weil er dem Fortschritt im Wege steht und der revolutionäre Jude, weil er die natürliche Ordnung der Dinge in Frage stellt.

Der Antisemit argumentiert etwas differenzierter als der Vergewaltiger, aber in einem Punkt sind sie sich einig: Sie können nichts dafür, dass sie so denken, wie sie eben denken. Sie sind die Opfer, die Frau beziehungsweise der Jude sind die wahren Täter.

Und es gibt noch etwas, das sie gemeinsam haben: das relative Wohlwollen eines Teils der Gesellschaft. Nur wenige Männer sind praktizierende Vergewaltiger, aber nicht wenige, selbst Frauen, bringen ein gewisses Verständnis für die Vergewaltiger auf, indem sie deren Sichtweise übernehmen: Die Frau habe doch gewusst, worauf sie sich einlasse, sie habe sich zweideutig verhalten, und überhaupt, wer sich sooo anziehe, der dürfe sich nicht wundern, wenn das als Einladung missverstanden werde.

Auch die meisten Nichtjuden sind keine Antisemiten, aber sie bringen ein gewisses Verständnis für Antisemiten auf, indem sie deren Sichtweise übernehmen: Wenn die Juden nur aufhören würden, sich für das auserwählte Volk zu halten, wenn sie sich nur ihrer Umgebung anpassen würden, wenn sie einfach aufhörten, Juden zu sein. Oder wie es ein »Spiegel«-Leser vor Jahren in einer Zuschrift formulierte: »Seit 2000 Jahren verfolgt – und immer ohne Grund?«

Dem könnte man entgegen halten: Und was ist mit den Juden? Haben die nicht einen sechsten Sinn, ein angeborenes Frühwarnsystem, das Alarm auslöst, wenn ein Antisemit in die Nähe kommt? Ja, sie haben es, aber wenn sie so weit kommen wollen wie Avi Primor oder Alfred Grosser, die sich einen Stammplatz in den Herzen mancher Deutschen erarbeitet haben, dann tun sie gut daran, es beizeiten abzustellen. Handelt es sich um Akademiker wie Micha Brumlik, dann ist die Bringschuld noch größer: Man muss lange studieren, zum Doktor promovieren und zum Professor berufen werden, sich politisch und im christlich-jüdischen Dialog engagieren, zahllose Beiträge über gesellschaftlich relevante Themen und eine Autobiografie geschrieben haben, um schließlich auf die Frage, ob Günter Grass ein Antisemit sei, die extrem ausgewogene und differenzierte Antwort zu geben: »Grass ist kein Antisemit, er bedient sich aber antisemitischer Deutungsmuster.« Nach dieser Räson könnte man auch sagen: »Der Stürmer« war nicht per se antisemitisch, er bediente sich nur antisemitischer Klischees und Deutungsmuster.

Diese Erklärung bringt uns nicht viel weiter, wenn wir begreifen wollen, warum auch bei gebildeten Zeitgenossen der gesunde Menschenverstand aussetzt, warum sie die Einsicht in das Offensichtliche verweigern – wenn es um Günter Grass und sein Gedicht geht.

Kein Mensch würde mit einer Pferdedroschke auf die Autobahn fahren. Geht es aber um Antisemitismus, macht sich Nostalgie breit. Wer heute als Antisemit durchgehen möchte, müsste wohl in einer SA-Uniform herumlaufen, »Juda verrecke!« schreien, Auschwitz für eine Erholungsanstalt halten und vor dem Einschlafen »Mein Kampf« oder »Volk ohne Raum« lesen. Oder am besten gleich ein paar Juden umbringen. Dann hätte er gute Chancen, von Avi Primor und Micha Brumlik, Michael Degen und Michel Friedman, Wolfgang Thierse und Sigmar Gabriel als Antisemit anerkannt zu werden. Aber doch nicht ein Dichter, der mit dem Literaturnobelpreis geehrt wurde! Nicht einmal dann, wenn er ein »Gedicht« schreibt, in dem alle einschlägigen antisemitischen Topoi wie Streumunition abgefeuert werden.

Warum also dieser so nachsichtige Umgang mit dem Antisemiten Günter Grass? Weil Grass viel mehr ist als ein deutscher Schriftsteller, der den Nobelpreis bekommen hat.

Er ist nicht nur »A German In A Nutshell« (siehe Seite 173 ff.), er ist die Inkarnation des geläuterten, des guten Deutschen, der aus der Geschichte gelernt hat. Er ist ein lebendes Symbol, er steht unter Artenschutz. Grass = Deutschland. Mehr als »wir« jemals Papst waren und viel mehr als uns lieb sein kann.

Dies könnte der Grund für die seltsame Rabulistik sein: Er ist kein Antisemit, aber … Denn wer in diesem Land als Antisemit geoutet wird, zu Recht oder zu Unrecht, der muss mit gesellschaftlichen Sanktionen rechnen. Wenn eine(r) Philipp Jenninger, Martin Hohmann oder Eva Herman heißt, sind sich die Kommentatoren schnell einig. Bei Günter Grass auch, nur andersrum. Denn seine Biografie ist unsere Biografie. Er ist wir, wir sind er. Er lebt unser Leben. Hineingeboren in das Reich des Bösen, ohne eigene Schuld, aber voller Scham ob unserer Geschichte. Wir haben bereut und Abbitte geleistet. Wir haben unsere Vergangenheit bewältigt, genauso vorbildlich wie wir die Finanzkrise bewältigen.

Deswegen darf Grass alles sein, nur kein Antisemit. Das würde auf uns abfärben. Uns alle um unsere Unschuld bringen.

Dabei ist die Sache doch ganz einfach. Eine Winchester, die im amerikanischen Bürgerkrieg benutzt wurde, war eine Waffe. Das MG3, das die Bundeswehr heute benutzt, ist auch eine Waffe, obwohl es mit der Winchester nur das Prinzip gemeinsam hat. Das gleiche gilt für den Antisemitismus. Er geht mit der Zeit, wandelt sich, entwickelt neue Varianten. Wilhelm Marr, der 1879 den Begriff »Antisemitismus« erfand und die »Antisemitenliga« gründete, fabulierte über den »Sieg des Judenthums über das Germanenthum«, so wie Grass heute darüber fabuliert, dass Israel den ohnehin brüchigen Weltfrieden gefährdet und das iranische Volk auslöschen könnte. Beide fühlten beziehungsweise fühlen sich von Juden bedroht, der eine stellvertretend für das Germanentum, der andere gleich für die ganze Menschheit. Grass' Gedicht *Was gesagt werden muss* hätte ebenso treffend »Die Juden sind unser Unglück« heißen können, bemerkte Malte Lehming im Berliner »Tagesspiegel«, womit er nur um Bruchteile eines Millimeters daneben lag. »Die Juden sind unser Unglück« war eine Parole, die der Berliner Historiker Heinrich von Treitschke 1879 geprägt hatte. In der zeitgenössischen Version müsste die gleiche Ansage »Israel ist unser aller Unglück!« lauten. Nicht der Iran, nicht Nordkorea, nicht der schwelende Konflikt zwischen den Atommächten Indien und Pakistan bedroht die Menschheit, nein, es ist ein Land mit sieben Millionen Einwohnern, über dessen Existenzberechtigung auch jene reden, die es nicht einmal auf der Landkarte lokalisieren können.

Man muss sich auch von der Vorstellung verabschieden, der Antisemitismus sei der »Sozialismus der dummen Kerle«, das Privileg einfacher Gemüter. Die maßgeblichen Antisemiten waren immer gebildete Leute, von Wilhelm Marr, Adolf Stoecker und Karl Lueger bis zu David Irving, George Galloway und Richard Williamson. (Es ist der reine Zufall, dass ausgerechnet drei Briten die neue Antisemitenliga anführen.)

Verstörend daran ist, dass einige von ihnen im persönlichen Umgang sehr angenehm sein können: gut erzogen, höflich, nachdenklich, weder arrogant noch vorlaut. Wie beispielsweise der Herausgeber von »der Freitag«, Jakob Augstein. Er hat in einem Kommentar zur Lage der Nation (»Wir hässlichen Deutschen«) über einen anderen Kolumnisten, der die deutschen Nettozahlungen an Europa ins Verhältnis zu den Reparationszahlungen nach dem Ersten

Weltkrieg gesetzt hatte, geschrieben: »Da bricht bei dem Kollegen die entzündete Pathologie des Unverarbeiteten auf ...«

Nur wenige Wochen später war es auch mit Augstein so weit.

Die entzündete Pathologie des Unverarbeiteten brach sich auch Bahn in den Debattenraum – nicht gegen die deutschen EU-Beiträge, sondern zugunsten von Grass. Originalton Augstein: »Es ist dieser eine Satz, hinter den wir künftig nicht mehr zurückkommen: ›Die Atommacht Israel gefährdet den ohnehin brüchigen Weltfrieden.‹ Dieser Satz hat einen Aufschrei ausgelöst. Weil er richtig ist. Und weil ein Deutscher ihn sagt, ein Schriftsteller, ein Nobelpreisträger, weil Günter Grass ihn sagt. Darin liegt ein Einschnitt. Dafür muss man Grass danken. Er hat es auf sich genommen, diesen Satz für uns alle auszusprechen. Ein überfälliges Gespräch hat begonnen.«

Der Osterhase stand vor der Tür und Augstein ließ Grass gleich neben Jesus am Abendmahltisch Platz nehmen. Feierlicher hätte man die »Eucharistie« (Danksagung) nicht begehen können, mit Grass als dem neuen Erlöser. »Er hat es auf sich genommen ...«

Aber was genau hatte der Dichter mit seinem Gedicht auf sich genommen? Er sprach den einen Satz aus, der Augstein und mit ihm Millionen von Deutschen auf der Seele lag, ohne dass sie sich je getraut hätten, ihn auszusprechen: »Die Atommacht Israel gefährdet den ohnehin brüchigen Weltfrieden.«

Das war die erlösende Tat, alles Übrige war zweitrangig. »Ein großes Gedicht ist das nicht«, notierte Augstein, »und eine brillante politische Analyse ist es auch nicht. Aber die knappen Zeilen, die Günter Grass unter der Überschrift ›Was gesagt werden muss‹ veröffentlicht hat, werden einmal zu seinen wirkmächtigsten Worten zählen.« Denn: »Es muss uns nämlich endlich einer aus dem Schatten der Worte Angela Merkels holen, die sie im Jahr 2008 in Jerusalem gesprochen hat. Sie sagte damals, die Sicherheit Israels gehöre zur deutschen ›Staatsräson‹.«

Grass hatte »uns« nicht nur aus dem Schatten von Angela Merkel, sondern aus dem Schatten der deutschen Geschichte geholt. Kein Gerede mehr von der besonderen deutschen Verantwortung (außer für die toten Juden, die Gedenkstätten und die Opfer der Juden, die Palästinenser), von den besonderen Beziehungen aufgrund der Geschichte, jetzt konnte das Ruder um 180 Grad herumgeworfen werden. Volle Fahrt rückwärts! Alles auf Anfang!

Zehn Tage nach dem Erscheinen seines »Debattenbeitrags« auf »Spiegel online« saß Augstein bei Günter Jauch in der Talkrunde und holte »uns« wieder aus dem Schatten der Geschichte.

»Deutsche Verbrechen werden kein Stück besser, wenn Israel jetzt seinerseits Verbrechen begeht.«

Das Publikum im Studio jubelte vor Begeisterung, obwohl der Satz in sich vollkommen inkohärent war. Es hatte den Subtext verstanden. Augstein tat faktisch genau das, was er verbal bestritt: Er verrechnete die Verbrechen der einen mit den Verbrechen der anderen Seite. Und hatte damit etwa 80 % der Deutschen hinter sich. Allein mit diesem vitalen Bedürfnis nach Entlastung ist das enorme Interesse an Israel zu erklären und auch die lustvolle Empörung über die »menschenfeindliche, faschistische Politik« der israelischen Regierung gegenüber den Palästinensern. »Ich bin es leid, immer in eine Ecke mit Antisemiten gerückt zu werden, nur weil ich – und viele andere – ein Problem mit dem Staat Israel habe«, ließ mich ein Leser wissen.

Was für ein Problem kann ein Deutscher mit dem Staat Israel haben, außer dass ihn der Staat Israel täglich daran erinnert, was seine Eltern oder Großeltern mit den Juden angestellt haben? Wurde er von den Zionisten aus seiner Heimat vertrieben? Musste er seinen Schrebergarten räumen? Kommt er morgens nicht in die Gänge, weil er daran denken muss, wie schlimm es in den palästinensischen Flüchtlingslagern zugeht, die von der UNRWA unterhalten werden? Kann er abends nicht einschlafen, weil er auf 3sat eine Dokumentation über die israelischen Checkpoints in der Westbank gesehen hat? Würde er seinen Urlaub gerne in Gaza verbringen, traut sich aber nicht und macht dafür die Israelis verantwortlich?

Nein, das ist es nicht, was ihm die Laune verhagelt und »ein Problem« bereitet. Das Blutvergießen während der »grünen Revolution« im Jahre 2009 im Iran ist ihm weder auf den Magen noch auf die Libido geschlagen.

Die Massaker an der syrischen Bevölkerung, exekutiert von der syrischen Armee, nimmt er, Bier bei Fuß, mit einem halben Ohr zur Kenntnis, bevor er in der ARD-»Alpenklinik« eincheckt. Den Völkermord in Darfur hat er überhört. Sri Lanka kennt er nur als Urlaubsdestination. Nordkorea ist weit weg. Was in diesen Ländern passiert, ist ihm kein Problem, interessiert ihn nicht. Aber mit den Zuständen in Palästina, da kennt er sich aus. Da legt er sein ganzes moralisches Kapital an. Als Deutscher, der aus der Geschichte gelernt hat. Als *homme de lettres*, der sich seinen Nobelpreisträger nicht mies machen lässt. Als einer, der es mit den Juden gut meint.

»Man muss ein klares Wort sagen dürfen, ohne als Israel-Feind denunziert zu werden«, sagt Klaus Staeck, der Präsident der Berliner Akademie der Künste, »die reflexhaften Verurteilungen als Antisemit finde ich nicht angemessen.« Grass habe »das Recht auf Meinungsfreiheit auf seiner Seite« und nur »seiner Sorge Ausdruck verliehen«. Die Kritik an Grass sei »überzogen und in Teilen hysterisch«, sagt der Vorsitzende der SPD, Sigmar Gabriel. »Das Gedicht ist eine zulässige politische Meinungsäußerung«, dagegen sei »die Art der Auseinandersetzung mit Grass und seinem Gedicht unangemessen unernst«. Er halte nichts davon, »dass die SPD nun gewissermaßen wie der Staat Israel Günter Grass zur *persona non grata* erklärt«, sagt der Vizepräsident des Deutschen Bundestages, Wolfgang Thierse, zudem sei es »fatal, aus Günter Grass einen Antisemiten zu machen und zu behaupten, aus ihm spreche noch nach 60 Jahren der Waffen-SS-Mann, der er als Jüngling nicht ganz freiwillig gewesen ist«.

Thierse hat, wie viele seiner Generation, ein Herz für tote Juden. Er hat sich für den Bau des Berliner Holocaust-Mahnmals eingesetzt, und wo immer es toter Juden zu gedenken gibt, die Opfer der Nazis wurden, da ist Thierse nicht weit. Seine Vorstellung von einem Antisemiten ist der SA-Mann, der vor einem jüdischen Geschäft Stellung bezogen hat, ein Schild um den Hals: »Deutsche! Wehrt Euch! Kauft nicht bei Juden!« Dass es auch Antisemiten in Nadelstreifen oder legerer Freizeitkleidung geben kann, übersteigt sein Vorstellungsvermögen. Deswegen kann Grass kein Antisemit sein. Jakob Augstein auch nicht.

Ende Dezember 2012 veröffentlichte das Simon Wiesenthal Center (SWC) in Los Angeles seine alljährliche Top Ten-Liste der »Anti-Semitic/Anti-Israel Slurs«, also der zehn übelsten antisemitischen/antiisraelischen Verleumdungen. Auf Platz eins landeten die ägyptischen Muslimbrüder mit der Behauptung, die Juden würden weltweit Korruption verbreiten, das Blut von Gläubigen vergießen und Heilige Stätten entweihen. Den zweiten Platz besetzte das iranische Regime unter seinem Präsidenten Mahmoud Ahmadinedschad, gefolgt u.a. von einem brasilianischen Cartoonisten, zwei antisemitischen Parteien in der Ukraine und in Ungarn und einem norwegischen Verschwörungstheoretiker.

Das alles wäre nicht einmal eine Meldung im Ostholsteiner Anzeiger wert gewesen, wenn nicht Platz 9 auf der Top Ten der antisemitischen Entgleisungen an einen Deutschen gegangen wäre: Jakob Augstein, Herausgeber der Wochenzeitung »der Freitag« und Kolumnist bei »Spiegel online«. (Als Schlusslicht der Top Ten strahlte der islamische Prediger Louis Farrakhan.) Die Entscheidung wurde mit fünf Zitaten aus Augsteins SPON-Kolumnen begründet.

1. *Mit der ganzen Rückendeckung aus den USA, wo ein Präsident sich vor den Wahlen immer noch die Unterstützung der jüdischen Lobbygruppen sichern muss, und aus Deutschland, wo Geschichtsbewältigung inzwischen eine militärische Komponente hat, führt die Regierung*

195

Netanjahu die ganze Welt am Gängelband eines an-
schwellenden Kriegsgesangs.

2. *»Die Atommacht Israel gefährdet den ohnehin brüchi-*
gen Weltfrieden.« Dieser Satz hat einen Aufschrei aus-
gelöst. Weil er richtig ist. Und weil ein Deutscher ihn
sagt, ein Schriftsteller, ein Nobelpreisträger, weil Günter
Grass ihn sagt. Darin liegt ein Einschnitt. Dafür muss
man Grass danken. Er hat es auf sich genommen, die-
sen Satz für uns alle auszusprechen.

3. *Israel wird von den islamischen Fundamentalisten in*
seiner Nachbarschaft bedroht. Aber die Juden haben
ihre eigenen Fundamentalisten. Sie heißen nur anders:
Ultraorthodoxe oder Haredim. Das ist keine kleine, zu
vernachlässigende Splittergruppe. Zehn Prozent der
sieben Millionen Israelis zählen dazu. ... Diese Leute
sind aus dem gleichen Holz geschnitzt wie ihre islamis-
tischen Gegner. Sie folgen dem Gesetz der Rache.

4. *Das Feuer brennt in Libyen, im Sudan, im Jemen, in*
Ländern, die zu den ärmsten der Welt gehören. Aber
die Brandstifter sitzen anderswo. Die zornigen jungen
Männer, die amerikanische – und neuerdings auch deut-
sche – Flaggen verbrennen, sind ebenso Opfer wie die
Toten von Bengasi und Sanaa. Wem nützt solche Ge-
walt? Immer nur den Wahnsinnigen und den Skrupello-
sen. Und dieses Mal auch – wie nebenbei – den US-Re-
publikanern und der israelischen Regierung.

5. *Gaza ist ein Ort aus der Endzeit des Menschlichen. 1,7*
Millionen Menschen hausen da, zusammengepfercht auf
360 Quadratkilometern. Gaza ist ein Gefängnis. Ein
Lager. Israel brütet sich dort seine eigenen Gegner aus.

Offensichtlich wird »Spiegel online« auch an der Westküste der USA gelesen, wo es Menschen gibt, die des Deutschen mächtig sind. Statt aber stolz zu sein, dass sich Augsteins Ruf bis an den Pazifik herumgesprochen hat, kam negative Erregung auf. Denn am Ende der Augstein-Zitaten-Strecke stand noch ein weiteres Zitat – aus einem meiner Texte, in dem ich geschrieben hatte, Augstein wäre nicht nur »ein Salonantisemit, sondern ein lupenreiner Antisemit«.

Unter den Ersten, die sich zu Wort meldeten, um Augstein beizustehen, war der stellvertretende Vorsitzende des Zentralrates der Juden in Deutschland, Salomon Korn. In einem Interview mit dem Deutschlandradio sagte er: *Ich kenne zwar Herrn Augstein jetzt nicht, weder persönlich noch in seinen Äußerungen – ich habe einiges von ihm gelesen, es war nicht sehr viel –, ich hatte nie den Eindruck, dass das, was er geschrieben hat, antisemitisch ist.*

Am selben Tag gab Korn der FAZ ein weiteres Interview, in dem er u.a. Folgendes erklärte:

Zunächst glaube ich, dass das Simon Wiesenthal Zentrum nicht besonders gut informiert ist über die Verhältnisse in Deutschland. Das Zentrum hat sich in diesem Fall nur auf das verlassen, was der Publizist Henryk Broder ihm gesagt hat, ohne sich Gedanken zu machen, ob das zutrifft. ... Das Zentrum kennt die deutschen Verhältnisse wahrscheinlich nicht und beruft sich eben auf einen jüdischen Publizisten, der über Deutschland hinaus bekannt ist und benutzt ihn als seriöse Quelle. Aber offenbar kennt das Zentrum auch nicht die gelegentlich überbordende Polemik des Herrn Broder. Er lebt von der Überspitzung. Man muss nicht alles wörtlich nehmen, was er sagt. Wenn

das Wiesenthal Zentrum das gewusst hätte, wäre es viel-
leicht etwas vorsichtiger gewesen.

Fasst man den Inhalt der beiden Interviews zusammen, wird klar: Obwohl Korn kaum etwas von Augstein Ge-schriebenes kannte, hatte er nie den Eindruck, *dass das, was er geschrieben hat, antisemitisch ist.* Dafür wusste er genau, dass das SWC einen schweren Fehler gemacht hatte, indem es sich in diesem Fall *nur auf das verlassen* hatte, was ich ihm zugetragen habe, *ohne sich Gedanken zu machen, ob das zutrifft.*

Korn hatte null Ahnung, worum es ging, er hatte we-der die Kolumnen von Augstein gelesen, noch die Top Ten-Liste gesehen, aber sein umfassendes Unwissen hinderte ihn nicht an einer dezidierten Stellungnahme.

Ich weiß nicht, was Korn geritten hat, ich will es auch nicht wissen. Mir reicht es, dass er mit seinen Erklärun-gen die Debatte auf die falsche Spur geführt hat: Es ging nicht mehr darum, was Augstein geschrieben, sondern da-rum, dass ich ihn angeblich beim SWC angeschwärzt, de-nunziert hatte. »Broder diffamiert Augstein«, hieß es in der »Frankfurter Rundschau«, und: »Es spricht für den deut-schen Rechtsstaat, dass Henryk M. Broder bis heute frei herumläuft …«

»Alle konzentrieren sich auf den Journalisten Henryk Broder, der das Ganze ins Rollen gebracht haben soll. Aber wer steckt hinter Broder? Broder erledigt doch nur die Drecksarbeit für andere, die öffentlich nicht in Erscheinung treten wollen«, mutmaßte »der Freitag«.

»Ich will auch auf die Liste!« rief ein Kommentator des Berliner »Tagesspiegels«.

Auch der Vorsitzende des Deutschen Journalisten Verbandes stellte sich hinter den prominenten Kollegen, der nur seiner historisch bedingten Pflicht nachgekommen war: »Für die Journalistinnen und Journalisten gilt das Gleiche wie für alle anderen Deutschen auch: Wir haben aufgrund des Holocaust eine besondere Verantwortung. Dieser Verantwortung kann aber nur gerecht werden, wer sich kritisch mit der Politik und den Entwicklungen im Nahen Osten auseinandersetzt. Das ist weit entfernt von Antisemitismus.«

Extrem witzig war auch, was Micha Brumlik, grüner Pädagogikprofessor in Frankfurt am Main und langjähriger Leiter des Fritz-Bauer-Institutes zur Erforschung der Geschichte und Wirkung des Holocaust, über die Causa zu sagen wusste: »Augstein manövriert zwar gelegentlich an der Grenze zum Ressentiment, aber er argumentiert differenziert.«

Der Antisemitismusforscher, Soziologe und Generalsekretär der Evangelischen Akademien in Deutschland, Klaus Holz, räumte in einem Interview mit dem Deutschlandradio ein, Augstein habe »sicherlich Fehler gemacht«, man könne ihm »mangelnde Sensibilität bei so einem wirklich schwierigen Thema« vorwerfen, allerdings sei der Antisemitismusvorwurf »unterm Strich überzogen«.

Überm Strich freilich lag der Skandal nicht in Augsteins »Fehltritt«, sondern im Verhalten der Personen, »die sich bei solchen Ereignissen wegducken und damit das Feld einfach räumen und damit den Platz lassen für die Broders dieser Welt«.

Augstein selbst wies alle Vorwürfe zurück. Das Simon

Wiesenthal Zentrum habe »nicht sauber gearbeitet und nicht gut recherchiert«, bevor es ihn auf die Liste der schlimmsten Antisemiten gesetzt habe, sagte er in einem »Tagesthemen«-Interview. »Kritischer Journalismus« dürfe nicht auf diese Art diffamiert werden.

Das Ganze war ein Déjà-vu-Erlebnis der konkreten Art, eine beinah wörtliche Wiederholung der Was-gesagt-werden-muss-Debatte, die genau neun Monate zuvor stattgefunden hatte. In der Rolle der verfolgten Unschuld trat Augstein anstelle von Grass auf, das übrige Personal spielte wieder sich selbst. Zwar ist man sich jedes Jahr zur Woche der Brüderlichkeit einig, dass der Antisemitismus inzwischen »in der Mitte der Gesellschaft angekommen ist« – als ob er jemals woanders daheim gewesen wäre –, aber wenn einer aus der Mitte der Gesellschaft die Hosen runter und den Antisemiten von der kurzen Leine lässt, dann schart sich die Mitte um ihn und verteidigt seine verlorene Ehre wie Klosterbrüder einen der ihren, nachdem er mit beiden Händen in der Hose eines Ministranten erwischt wurde.

Denn es geht um »kritischen Journalismus« bzw. »Israelkritik«. Und das Recht auf »Israelkritik« gehört zu den fundamentalen Freiheiten, die sich der kritische Deutsche nicht nehmen lässt. Er würde eher auf sein Weihnachtsgeld und den ultraflachen LED-Fernseher von Samsung verzichten, als auf sein Recht, Israel kritisieren zu dürfen, ja zu müssen. Das ist er sich und seiner Geschichte schuldig. Mittlerweile freilich ist die ganze Sache ins Komische abgerutscht. Aber es ist die Art von Komik, die mit der Erkenntnis einhergeht, dass es eigentlich keinen Unterschied macht, ob man in der Ambulanz oder auf der Intensivstation eingeliefert wird.

Fernsehzuschauer, die im Sendebereich des WDR ihren »Demokratiebeitrag« an die GEZ entrichten, lieben nicht nur Mutter Beimer von der »Lindenstraße«, sie mögen auch »Domian«, der fünfmal in der Woche von 1.00 bis 2.00 Uhr nachts eine Ratgebersendung moderiert, die gleichzeitig im Hörfunk und im Fernsehen des WDR ausgestrahlt wird. Das Prinzip ist einfach. Domian sitzt in einem Studio, hat Kopfhörer an und beantwortet Fragen von Zuhören bzw. Zuschauern, die zu ihm durchgestellt werden. 40.000 bis 60.000 versuchen es, sechs bis zehn gelingt es. Es geht um Liebe, Sex, Treue und Untreue, Erziehung, Ängste, Aggressionen, die ersten Enttäuschungen im Leben eines Teenagers und die letzten Tabus einer permissiven Gesellschaft. »Ich frage die Leute alles. Und die Leute können mich alles fragen«, lautet das Motto des Moderators.

Und so meldete sich Anfang Februar ein Zuhörer bzw. Zuschauer zu Wort, um sich darüber zu beklagen, dass Israel »Teile des Gazastreifens oder irgendwie da zubauen« würde. Als habe er nur auf die Gelegenheit gewartet, sich endlich Luft zu verschaffen, setzte Domian zu einer Suada an:

»Ich gebe dir da völlig Recht. Ich möchte auch nicht als Deutscher und schon gar nicht meine Generation und die Jungen schon überhaupt nicht, auf die Vergangenheit reduziert werden und ich nehme mir auch absolut das Recht heraus, die israelische Regierung zu kritisieren und würde mich da massiv verwahren gegen, dass das antisemitisch ist. Wenn ich eine Regierung kritisiere, kritisiere ich nicht das Kulturvolk der Juden, das ist doch völliger Unsinn. ...

Ich habe sogar manchmal den Eindruck, dass tendenziell in unseren Medien zu israelfreundlich berichtet wird und dass das Leid, was innerhalb der Palästinenser oder innerhalb des palästinensischen Staats passiert, dass das gar nicht so transportiert wird, wie es eigentlich sein müsste, dass sehe ich auch so, ja. Und ich reagiere da auch wirklich aggressiv, wenn man dann immer mit unserer Vergangenheit ankommt. Ja, die Vergangenheit ist schlimm, dazu bekennen wir uns, das akzeptieren wir, aber wir werden deshalb nicht mundtote Bürger und wir wollen uns äußern zu allen Dingen auf dieser Welt, so auch zu der Politik Israels.«

Ja, das wollen wir und das tun wir, da lassen wir uns keinen Maulkorb umhängen. Aber wir müssen dabei auch Prioritäten setzen. Von »allen Dingen dieser Welt« interessieren uns am meisten diejenigen, die mit uns zu tun haben und die uns helfen, »mit unserer Vergangenheit« fertig zu werden. Wenn die Juden Hama oder Aleppo platt gemacht hätten, würden wir uns aufregen und empören, die Untaten der Zionisten verurteilen und Himmel und Hölle anrufen, um das Blutvergießen zu beenden. Aber es waren nun mal die Syrer, und deswegen ist es uns wurscht. Was geht es uns an, wenn sich Araber gegenseitig massakrieren?

Wer ein Problem mit dem Staat Israel hat, sei es Grass, Augstein oder Domian, es aber leid ist, in eine Ecke mit Antisemiten gerückt zu werden, der sucht nach Gleichgesinnten, mit denen er sich verbünden kann. Auf der Flucht aus dem Ich in das Wir entsteht eine neue »Hilfsgemeinschaft auf Gegenseitigkeit«: Wer einen von uns angreift, greift uns alle an!

Sehr schön auf den Punkt gebracht hat das ein Kommentator des NDR: »Henryk M. Broders Vorwurf, Grass sei der Prototyp des gebildeten Antisemiten, ist schlicht eine Unverschämtheit oder einfach medienwirksam polemisch. Denn nach seiner Definition wäre ich das – mehr oder minder gebildet – auch.«

Von Dieter Bohlen, einem weithin unterschätzten Denker der Gegenwart, stammt der Satz: »Das Problem ist: Mach einem Bekloppten klar, dass er ein Bekloppter ist.«

Noch aussichtsloser ist es nur, einem Antisemiten klar zu machen, dass er ein Antisemit ist.

HMB, Berlin, 15.März 2013

Bildnachweis

S. 9: Plakat bei einer antiisraelischen Demonstration am 3.1.2009 in Berlin; Foto: Konstantin Bethscheider/ Association Antiallemande Berlin – anti.blogsport.de

S. 15: »Kölner Klagemauer«, 2010; Foto: Henryk M. Broder

S. 47: »Kölner Klagemauer«, 2010; Foto: Henryk M. Broder

S. 61: Mahmud Ahmadinedschad auf der Konferenz »Die Welt ohne Zionismus« am 26.10.2005; Foto: Picture Alliance, Frankfurt/Landov

S. 71: Transparent in Teheran; Foto: ddp Images, Hamburg/ AP/Hasan Sarbakhshian

S. 75: »Kölner Klagemauer«, 2010; Foto: Henryk M. Broder

S. 85: Plakat bei einer antiisraelischen Demonstration am 19.1.2009 in Köln; Foto: Alex Feuerherdt

S. 103: Plakat bei einer antiisraelischen Demonstration am 3.1.2009 in Berlin; Foto: Konstantin Bethscheider/Association Antiallemande Berlin – anti.blogsport.de

S. 119: Plakat bei einer antiisraelischen Demonstration in Bremen; Foto: Raphael Krämer

S. 137: Screenshot der Website der Partei »Die Linke«, Kreisverband Duisburg, vom 27.4.2011; Foto: ddp Images, Hamburg/dapd/Volker Hartmann

S. 148: Antiisraelische Boykottaktion des Bremer Friedensforums in Bremen im Sommer 2011; Foto: Jean-Philip Baeck

S. 161: Demonstration von Neonazis in Dresden im Februar
2009; Foto: Boris Niehaus
S. 171: Demonstration von Neonazis in Dortmund am
1.5.2010; Foto: Marek Peters